戦乱と民衆

磯田道史／倉本一宏
F・クレインス／呉座勇一

講談社現代新書
2488

はじめに

ふつうの人びとは戦争をどのように生き延びてきたのか。本書は国際日本文化研究センター(以下、日文研)の日本史メンバーが総力を挙げて、この問いに答えようとしたものです。古代から幕末まで、戦いのなかでの日本史上の民衆の生きざまを追っていきます。本書は、単に民衆を戦いの被害者、弱者として描くものではありません。民衆のなかには戦いをチャンスとしてとらえ、上昇のきっかけにするなど、たくましい姿もあります。

本書のもととなった一般公開シンポジウム「日本史の戦乱と民衆」は二〇一七年一〇月に、日文研でおこなわれました。

シンポジウムは、日本史上初の大規模対外戦争である白村江からはじまります。朝鮮半島情勢が、日本列島の人びと、特に民衆レベルの生活を破壊していく、その最初の歴史はどういうものであるのか、古代史を専門とする倉本一宏さんの論説です。

つづいて、中世では、呉座勇一さんが、「土一揆」の問題を取りあげます。国が戦争をはじめなければ、人びとは平和なのか。民衆はまるっきり純真で、受動的な存在なのか。民衆自体が危険な状態をつくりだすことはないのか。権力は悪、民衆は善といったドグマにとらわれない、『応仁の乱』（中公新書）でみられた呉座史学の真髄でもって、中世社会の戦乱を分析しています。つまり権力が多極分散するなかで、何でも起きる状態を、日本中世のなかに見ています。

フレデリック・クレインスさんが取りあげるのは、大坂の陣です。この論説におけるテーマの一つは、織豊《しょくほう》期に至り、ある程度権力が集中した段階での暴力とはどのようなものか、という問題です。戦争は民衆の資産を奪います。戦いの後、兵士が人や物を略奪する「乱取り」という行為がみられました。国家と国家、軍と軍がぶつかりあうなかで、民衆はどのように生命や資産を、守ったり奪われたりするのか、ということを、海外の読みにくい一次資料を用いて、クレインスさんが分析しています。

最後に、幕末の争乱、とくに「禁門の変」を磯田が紹介しています。今年は明治一五〇年ということで、各メディアでもさまざまに取りあげられています。政治家が主人公で、西郷隆盛《さいごうたかもり》、木戸孝允《きどたかよし》、坂本龍馬《さかもとりょうま》が活躍して……という話は、はっきりいって、耳にタコができるくらい聞かされています。しかし、明治維新は、一般民衆の生活に、どのような影響を及ぼしたのかという、いちばん肝心なところはあまり語られていません。京都の市民の姿などを題材に、この維新の変革を、巻き込まれた民の視点から取りあげます。

シンポジウムでは、以上の四人の報告（本書第一部）をもとに、石上阿希さんを司会として、ディスカッションをおこないました（第二部）。さらに、二〇一七年一二月には、文化史の泰斗である井上章一さん、日文研の気鋭の研究者、榎本渉さん、そして石上阿希さんにも加わってもらい、ディスカッションをおこないました（第三部）。

軍と軍がぶつかりあうなかで、その影響を受ける人びとの視点で歴史をふりかえる。この視点は、この本全体を貫くものです。国と国、軍と軍がぶつかるときに、人びとは個人、個体として、どのような影響を及ぼされ、生きるために何をしたのか。

人類は生まれて以来、数々の戦いをしてきました。そのなかには現在においてもそれほど変わらないパターン、型が多く含まれています。過去の戦争の姿を見ることで、我々の現在を見つめるべきではないか。今日、我々が一番知りたいこと、思いの丈を、それぞれが描きました。本書が、現代兵器のすさまじい発達を生きていかねばならぬ我々の知恵を増すものであることを祈っています。

二〇一八年五月

磯田道史

目次

はじめに　磯田道史 3

第一部　日本史の戦乱と民衆——基調報告 9

第一章　白村江の戦いと民衆　倉本一宏 9
最大の敗戦／白村江はどこか／主力軍は白村江をめざしていなかった／敗北の理由／兵たちの記録／捕虜たちの帰還／四十四年後の帰還／白村江と壬申の乱

第二章　応仁の乱と足軽　呉座勇一 33
足軽の二面性／土一揆の性格／「田舎者」は何をしに京都へ／飢饉・悪党・徳政一揆／土一揆の軍事力／京都を襲った土一揆／土一揆と足軽

第三章　オランダ人が見た大坂の陣　フレデリック・クレインス 53
大坂冬の陣、夏の陣／大坂近郊にいたオランダ人の証言／戦場から避難する民衆／焼き払われた大坂の姿／再び戦争へ／焼き討ちを恐れる京都の人びと／イエズス会

士の見た大坂の陣と家康の悪党イメージ／大坂の陣とアントワープの虐殺／新史料の可能性

第四章　禁門の変――民衆たちの明治維新　磯田道史　83

民衆を主語とする京都の維新史／投書から甦る幕末京都／開戦前――「稼ぎと見物」／開戦――「戦災発生と避難」／放火する会津兵と交渉する民衆／被災救恤の開始／火災原因「四つの火元を民衆は認識」／戦災後「焼け跡の風景、そして物価」

第二部　歴史を見る視点――一般公開座談会　113

倉本一宏＋呉座勇一＋フレデリック・クレインス＋磯田道史＋（司会）石上阿希

戸籍から読み解く壬申の乱／歴史を見る「視点」の重要性／女性の被害はどう扱われているのか／戦時下の略奪、虐殺／時代とともに変化する戦乱と民衆／統計への関心／人間は過ちをくりかえす／英雄たちの戦いだけでは視野が狭い／歴史学は始まったばかり／鉄砲焼けの後で

第三部　生き延びる民衆・チャンスとしての戦乱――座談会
倉本一宏＋呉座勇一＋フレデリック・クレインス＋磯田道史＋井上章一＋榎本渉＋石上阿希 ―― 143

『万葉集』に防人の声を聴く／民衆に冷たい室町の権力／日本とヨーロッパの戦争における類似点と相違点／鳥羽・伏見の戦いと戦災からの復興／西陣と「宗全さん」／秀頼生存説をどう考えるか／キリシタン摘発事件と大坂の陣／注目すべき、たくましい民衆の姿／絶滅危惧種として値打ちがでた京都の町家／京都を破壊したのは京都人／京都を燃やしたのは誰か／戦争から民衆を守るものは

おわりに　呉座勇一 ―― 199

引用資料中に、今日では差別・偏見と取られる表現があるものの、歴史資料であることを考慮して、原文のまま引用した。

第一部　日本史の戦乱と民衆——基調報告
（二〇一七年一〇月、於：国際日本文化研究センター講堂）

第一章　白村江の戦いと民衆

倉本一宏

石上　本日は日文研の一般公開イベントにお集まりいただき、ありがとうございます。司会を務めます日文研特任助教の石上阿希と申します。

私の主な研究テーマは江戸の出版文化です。最近は江戸時代に刊行された絵入百科事典の研究もおこなっておりまして、先日「近世期絵入百科事典データベース」というデータベースも公開いたしました。江戸時代の出版物というと、皆さんご存じの方も多いかと思いますけれども、徳川家に関することなど内容に規制がかかっていました。それから根拠のない風聞、人の家筋に関わること、あるいは好色本の類は基本的には出版してはいけない、とされています。たとえば赤穂《あこう》事件が起こったときも、それを題材にした出版物が絶版となったこともあります。つまり日々の事件、近い過去の争いについて、出版物から情報を得るには制限がありました。

では、私たちが過去に起こったことを知りたいときに何を見ればよいかというと、写本や、手紙、投書、それから日記などの史料が有効になるかと思います。それらの史料を見ることで、当時の人びとの生の声を聞くことができます。この「日本史の戦乱と民衆」のシンポジウムは、それらの史料から見えてくることについて考えるというものです。日文研の四人の日本史研究者が、古代、中世、近世、幕末・明治の時代における日本の戦乱を通史的に見ていきます。

早速、最初の発表に移りたいと思います。倉本さんは、古代政治史、古記録学を専門にされています。近著の『戦争の日本古代史』（講談社現代新書）では、今回のテーマでもある「白村江の戦い」などを扱い、日本の対外戦争について考察しています。では、倉本さん、お願いいたします。

最大の敗戦

倉本　天智称制二年（六六三）、おそらく日本史上、最大の敗戦と思われる、「白村江の戦い」に代表される百済復興戦が繰り広げられました。「白村江」は「はくすきのえ」と覚えておいでの方も多いと思いますが、私ども研究者は「はくそんこう」と読んでおります。この戦いは、簡単に言えば、唐と新羅の連合軍によって滅ぼされた百済を復興するため、倭王権が兵を朝鮮半島に送り、唐・新羅連合軍と白村江をはじめとする朝鮮半島各地において激突し、大敗を喫したという戦いです。ちなみに「新羅」もかつては「しらぎ」と読んでおりましたが、現在では「しんら」と読むようになってきています。「百済」も同様で、現在は「くだら」ではなく「ひゃくさい」と読むようになっています。

この白村江の戦いが日本側の史料に登場するのは、同年八月二十七日です。『日本書紀』の記述を見てみましょう。

日本の軍船の先着したものと大唐の軍船とが会戦した。日本は敗退し、大唐は戦列を固めて守った。（『日本書紀　Ⅲ』中公クラシックス、二〇〇三年、一九一頁。なお、一部訳を改めている。以下同）

翌日の八月二十八日、もういちど戦闘がおこなわれます。

日本の将軍たちと百済の王とは、戦況（「気象」）をよく観察せずに、「わが方が先を争って攻めかかれば、相手はおのずと退却するであろう」と協議し、日本の中軍の兵卒を率い、船隊をよく整えぬまま、進んで陣を固めた大唐の軍に攻めかかった。すると大唐は左右から船を出してこれを挟撃し、包囲・攻撃した。みるみる官軍は敗れ、多くの者が水に落ちて溺死し、船の舳《へ》先《さき》をめぐらすこともできなかった。朴市《えちの》（秦《はだの》）田《た》来《く》津《つ》は、天を仰いで祈り、歯を食いしばって数十人を殺したが、ついに戦死

した。このとき、百済の王豊璋《ほうしょう》は、数人と船に乗り、高麗へ逃げ去った。(同書、一九一〜一九二頁)

簡単に言うと、唐の軍艦が陣を敷いていたところに、次から次へと倭国の兵が突撃し、両側から挟み撃ちにあって、多くの兵が溺死したということです。どうして溺死したか。おそらく火矢を射かけられて、そのまま船のなかにいると焼死してしまうので、甲冑《かっちゅう》を着けたまま海に飛び込んだのでしょう(甲冑を着けていた兵は少なかったでしょうが)。助かるわけがありません。ほぼ全滅したということがうかがえます。

では唐側の史料ではどう書かれているか。『旧唐書《くとうじょ》』の劉仁軌《りゅうじんき》伝には次のように書かれています。

仁軌は白江の入り口で倭軍と出会い、四度たたかってみな勝ち、彼らの舟四百艘を焼いた。その煙と焔は天にみなぎり、海の水もみな赤くなった。賊の軍兵は大潰《たいかい》した。余豊《よほう》は身を抜け出して逃げていった。

白村江はどこか

この戦いがおこなわれた白村江の位置については、津田左右吉《つだそうきち》が錦江《きんこう》（写真1）という川の河口と推定して以来、それが通説とされてきました。しかし、この説は百済の最後の都が置かれた泗沘《しひ》城の近くを流れる錦江の河口が白村江に違いない――という考えから生

（上）写真1　扶余・泗沘城落花岩から見た錦江
（下）写真2　周留城

まれた説で、ほとんど根拠はありません。史料によれば、周留《する》城という城の近くが白村江であるということは間違いありません。以前は乾芝山《かんしさん》城（忠清南道舒川郡韓山面芝峴里）という山城がこの周留城だと言われていたのですが、発掘調査の結果、高麗の時代以降の山城であることが明らかになり、この説も否定されました。白村江の位置も、その近くではないということになりました。そして、現地の歴史家である全榮來氏の調査によって、位金岩山《いきんがんさん》城（全羅北道扶安郡上西面甘橋里）こそが周留城だと考えられるようになっています（写真2）。となると、全氏はその近くを流れる東津江《とうしんこう》の河口が白村江であるとおっしゃっています（地図1）。

写真3　セマングム干拓地

しかし、唐・新羅軍にしても倭国・百済軍にしても、双方数万という大軍です。東津江にしても錦江にしても、その河口に何百艘もの船団を配置できるとは思えません。おそらくは、東津江河口から錦江河口にかけての海が、戦場となったのだと思われます。

地図1　「白村江の戦い」関係地図

ちなみにこのあたり一帯に広がる干潟は、現在はセマングム（新萬金）干拓地といって干拓が進んでいます（写真3）。当初は大規模な農地とする予定だったのですが、韓国も米が余っているのでその必要はなくなり、工業団地にすることになったのですが、韓国経済が破綻してしまったので頓挫。仕方がないので五四〇ホールというゴルフ場にしようとしましたが、それも失敗。遊園地にもできない。ということで、現在は何に使うかも決まっていないのに、取りあえず干拓工事は進み、あと数年で白村江がなくなるかもしれないという状態です。

主力軍は白村江をめざしていなかった

ところで私は、白村江は百済復興戦の主戦場ではないと考えております。倭国軍の主力は、じつは新羅の都である金城《きんじょう》（のちの慶州）をめざして進撃していました。出兵を命じた斉明《さいめい》女帝の言葉には、「将軍たちにそれぞれ命令をくだし、百の道からともに前進させなさい。雲のように集い、雷のように動いてみな沙喙（新羅の地）に集結し、敵を倒して百済の窮迫をやわらげなさい」（前掲『日本書記　Ⅲ』一七七頁）とあります。つまり、主力軍は白村江をめざしていたのではなかったのです。

さらに、今回のパネリストの一人である磯田道史さんが司会を務める『英雄たちの選択』という番組で白村江を取り上げた回（「敗北！　白村江の戦い　なぜ巨大帝国に挑んだのか？」）に出演中に思いついたのですが、白村江で敗れた倭国軍は、海戦をおこなうつもりで進軍していたのではなかったのではないか。倭国軍の船隊はあまりに無防備なのです。つまり、戦うつもりも装備もない、たんなる輸送船、ということは、もともとは漁船だったのではないか。それが唐の水軍が待ち構えているとは知らずに、周留城を救援しようと船団を送ったところ、まんまと唐の水軍に囲まれてしまったのではないか。最近はそう思いはじめています。

つまり、戦艦ではなく輸送船団がやられてしまったのが、日本史上最大の敗戦の真相だったのかもしれません。主力軍は金城をめざしていた。新羅軍が百済の故地に進軍して首都が手薄なあいだに陥れようとしていたのです。それに対し、白村江で敗れたのは、倭国軍の第三軍（輸送船団）だと考えています（地図1参照）。第三軍は、敵の捕虜となる暇もなく壊滅してしまいますが、その他の主力軍の倭国軍兵士は、かなりの数が敵の捕虜となったり、命からがら帰国したりしています。その帰還兵たちのお陰で、こうした事実が記録されたわけです。

いずれにしても二十七日に敗退しているにもかかわらず、二十八日にまた突撃して敗退しているのは、理解に苦しむところです。

敗北の理由

ではなぜ、倭国軍は敗れたのか。答えは明らかです。唐の軍勢は国家軍であり、訓練されて統制のとれた軍隊ですが、倭国軍は豪族軍の寄せ集めであり、国家軍ではありません。大王の命を受けた地方豪族が、自分の支配する地域の農民を連れて出兵するというだけで、豪族同士の連携や連絡もありません。将軍クラスの豪族も同様です。てんでバラバラに戦場に向かった軍隊が、次から次へと突撃して、次から次へと海に飛び込んで死んでしまう。こんな悲惨な戦いがあるでしょうか。

国家軍は、上下の統制、横の連絡が取れ、日常的に訓練を受け、作戦の浸透が迅速でした。一方、私たちの祖先は、地方豪族が配下の農民を徴発して連れて行っただけ。したがって、武器もおそらく行き渡っていない。槍を構えて突撃するといった、攻撃の練習くらいはしたかもしれませんが、防御の練習はまるでできていなかったでしょう。本来は農民ですから、敵に攻められたら、どうすればいいかまるでわからない。槍といっても、律令

（右）写真4　壬申の乱の武人復原
（奈良文化財研究所所蔵）
（左）写真5　農民兵
（福島県文化財センター白河館所蔵）

時代の『令義解《りょうのぎげ》』によれば、江戸時代のような槍とはまったく違い、木の棒の両端を尖らせただけのものです。

奈良文化財研究所が二〇〇二年に開いた「飛鳥・藤原京展」のために、「壬申の乱の武人」を実物大（一七五センチ！）で復元するという、「野心的な企画」をおこないました。ただし、これは将軍クラスのかなり偉い人の姿で、白村江に行った倭国軍のなかに、数人いた程度だと思います（写真4）。

一方、福島県文化財センター（白河市）では、農民兵の姿を復元しています（写真5）。かなりリアルなものですが、これは律令制の「軍防令」の規定通りに全部自分で装備をそろえた農民兵の姿なのです。そろえられなかった人は、この装備さえなかったわけです。「軍防令」の規定通りに装備をしたとしても、いわゆる甲冑はありません。実際に蝦夷と戦った時などは、こうした姿だったのだと思いますが、防備がかなり弱かったことはおわかりいただけるでしょう。

戦いにおいてもっとも重要なのは、じつは戦意を支える忠誠心とモチベーションです。国家軍にはそれがありますが、豪族軍にはありません。古墳時代からその地域を治めていた豪族が、現地の農民を徴発して連れて行くだけですから、王権に対する忠誠心が芽生えるわけがないのです。中世以降になれば、戦いに勝利すれば武士は褒賞といった見返りが得られますし、足軽もその後の「乱取り」がおこなえるかもしれませんので、それを目当てに戦う人もいると思いますが、古代では違います。つまり、戦いに勝ったからといっても、出世もできない、褒賞ももらえない、所領も増えない。乱取りもおこなえない。一番問題なのは、どこに連れて行かれるのかもわからないということでしょう。なぜ海を渡ったのだろう、どこに行くのだろうと思っているうちに、目の前に唐の大軍が現れたので、わけもわからず突っ込んでいった。それが白村江の戦いの実像だと思います。

しかも、半島出兵のほんとうの理由は、必ずしも百済の救援ではなかったと、私は考えています。むしろ、敗れてもいい。敗れることによって、唐や新羅が倭国に攻めてくるかもしれないという危機感をあおることで、国内を一つにまとめ、自分の権力基盤を固めることができる。あるいは、邪魔な豪族を派遣して、死なせてしまうことも考えられる。それこそが、朝鮮半島に兵を送った真の理由だと、私は考えています。負けても構わない。むしろ戦争をすること自体が目的だったというわけです。対外的な危機感をあおることで、国内統治や権力の行使を円滑にするのは、現代にいたるまで有効な「手段」です。白村江の戦いの背後には、そうした権力の構造と論理があったことを指摘しておきたいと思います。

兵たちの記録

すでに触れたように、白村江の戦いでは倭国兵のほとんどが死んでしまいましたが、わずかながら帰国した兵や、捕虜となった兵たちについて語った記録が残っています。おそらくは新羅戦線に進軍した兵士たちだったのでしょう。ここではそうした記録に注目したいと思います。

『日本霊異記《にほんりょういき》』上巻第七「亀の命を贖《あがな》ひて放生《ほうじょう》し、現報《げんぽう》を得て亀に助けらるる縁（亀を買い取って命を助け放してやり、この世で報いを受け、亀に助けられた話）」というくだりです。

弘済禅師《ぐさいぜんじ》は百済の国の人であった。百済の国が新羅と唐の侵略を受けた時に、備後の国三谷《みたに》の郡の郡長の先祖に当るある者が、百済を救うために派遣軍の一員として出征した。その時、「もし無事に帰還することができたら、諸神諸仏のために寺を建て、お堂をお造りしましょう」と誓いを立てた。

そのためか災難を免れ、凱旋することができた。そこで彼は、弘済禅師を招き、禅師を伴っていっしょに帰って来て、三谷寺を造った。

「備後国三谷郡（現広島県三次《みよし》市）の大領《たいりょう》の先祖が、百済を救うために派遣軍の一員として出征した」ことから説話が始まりますが、彼は、「もし無事に帰還することができたら、諸神諸仏のために伽藍を造立しよう」と誓いを立て、ついに災難を免れたとあります。そこで百済の弘済禅師を招請して、いっしょに還ってきて、三谷寺を造ったということです。

おそらく吉備《きび》の地方豪族と思われる人物の説話です。現在の三次市には、寺町廃寺《てらまちはいじ》という巨大伽藍《がらん》の跡が残っていて、それがこの三谷寺であろうと推定されています。

もう一つ、『日本霊異記』の上巻第十七「兵災《へいさい》に遭ひて、観音菩薩《かんのんぼさつ》の像を信敬《しんぎょう》しまつり、現報を得し縁（戦乱にあって観音菩薩の像を祈念し、この世でその効験にあずかった話）」という説話です。

伊予《いよ》の国越知《おち》の郡の郡長の先祖に当る越智直が、百済の国を救うため派遣された。各地に転戦していた時、唐の軍に追いつめられ、捕虜となって、唐の国まで連れて行かれた。捕虜となった日本人八人は同じ一つの島に住むことになった。

一同は協力して観音菩薩の像を手に入れ、これを信仰しあがめたてまつっていた。八人は心を一つにして、ひそかに、松の木を伐って一隻の舟を作った。そして、観音像をお迎えして舟上に安置し、各人それぞれが、本国へ無事帰還できるよう観音像に祈願した。すると、西風が吹き出し、舟はこの風にのって一直線に筑紫《つくし》に到着した。

朝廷ではこのことを聞き、召し出して事の次第をお尋ねになった。天皇は殊勝に思われて、望むところを申すようにとお言いつけになった。そこで越智直は、「新しく一郡を設けていただき、ここに観音さまを安置し、お仕えしたく存じます」と申し出た。天皇はこれをお許しくださった。そこで新しく越智という郡を設け、そこに寺を建て、観音像を安置することになった。

その時以来、今に至るまで、越智直の子孫が相次いでこの像を敬い信仰している。

この寺は、愛媛県今治《いまばり》市の本堂寺《ほんどうじ》廃寺《はいじ》ではないかと考えられています。

捕虜たちの帰還

さらに『日本書紀』や『続日本紀《しょくにほんぎ》』には、捕虜だった人が日本に帰ってきた逸話がいくつも収められています。まずは『日本書紀』天武《てんむ》天皇十三年（六八四）十二月の記事です。

大唐へ留学した学生土師宿禰甥《はじのすくねおい》・白猪史宝然《しらいのふひとほね》及び百済の戦役の時に大唐に捕われた者、猪使連子首《いつかいのこびと》・筑紫三宅連得許《つくしのみやけのとくこ》が、新羅を経て帰国した。そこで新羅は大奈末《だいなま》金物《こんもつ》儒《ぬ》を派遣して、甥らを筑紫まで送って来た。（前掲『日本書紀　Ⅲ』、二九一頁）

唐に捕えられていた猪使子首と筑紫三宅得許が新羅を経由して筑紫に帰還しました。ともに筑紫の地方豪族だったのでしょうが、この二人の配下の兵士たちは、いったいどうなったのでしょうか。

次は『日本書紀』持統《じとう》四年（六九〇）十月の記事です。筑紫国上陽咩《かみつやめ》郡（のちの筑後《ちくご》国上妻《かみつま》郡。現福岡県八女《やめ》市）の軍丁《いくさよぼろ》である大伴部博麻《おおともべのはかま》という人物が帰国を果たし、持統天皇から次のような詔を下されます。

天豊財重日足姫《あめとよたからいかしひたらしひめ》（斉明）天皇七年（六六一）の百済救援の戦役で、おまえは唐軍に捕虜にされた。その後、天命開別《あめみことひらかすわけ》（天智）天皇の（即位）三年（六七〇）に至って、土師連富杼《ほど》・氷連老《ひのおゆ》・筑紫君薩夜麻《さちやま》・弓削連元宝《ゆげのがんほう》の子の四人が、唐人の計略を通報しようとしたが、衣食がなく、日本に到達することが危ぶまれた。

その時、おまえは土師富杼らに、「私もあなたがたと一緒に本国に帰りたいが、衣食がなく、とても行けない。どうかこの私の身を売って、あなたがたの衣食の費用にしてください」と言い、富杼たちは博麻のはかりごとどおり、日本に帰ることができた。おまえはそれからたった一人で、三十年もの間、他国に留まった。

自分（持統）はおまえが朝廷を尊び、国を愛し、おのれの身を売って忠誠を示したことをたいへん嬉しく思います。それゆえ、務大肆《むだいし》（従七位下に相応）の位と、絁《あしぎぬ》五匹・綿一十屯・布三十端・稲一千束・水田四町とをおまえに賜うこととします。水田は曾孫の代まで伝えるように。また三族の課役《えつき》を免じ、その功績を人びとに示そうと思います。（同書、三三一頁）

大伴部博麻は、白村江の戦いから二十七年後に帰国しました。五人で捕虜になったが、この人は自分の身を売って奴隷になり、その金で他の四人を帰したということです。なぜ帰ってきたか。それは唐が倭国に攻めてくるという計画があることがわかったので、その計画を倭国に知らせるためです。これを知った持統天皇は、いたく感動したわけです。

ちなみにこの話は、戦前のいわゆる「紀元二千六百年」の記念式典かなにかで、近衛文麿《このえふみまろ》首相が披露したことで有名になったとのことです。

帰ってきたのは、筑紫君という巨大な豪族です。筑紫磐井《いわい》の末裔で、さらに言うと邪馬台国の末裔かもしれません。それに対して、現地に残って奴隷となったのは大伴部、「部」姓ですから農民です。つまり、筑紫君に連れていかれた大伴部が、自分の身を売って主君の豪族を帰国させました。倭国にいるときから主従関係があったわけで、その

「従」の側が身を売って「主」を助けたということになりますので、よく考えると、それほど「美談」なわけではありません。

四十四年後の帰還

さらにその六年後の話です。『日本書紀』持統十年（六九六）四月の記事。

伊予国風早郡《かざはやのこおり》（現愛媛県松山市の北部）の物部薬《もののべのくすり》と肥後国皮石郡《ひごのくにかわしのこおり》（現熊本県菊池郡の南部）の壬生諸石《みぶのもろし》に、追大弐《ついだいに》（正八位下に相応）の位と絁四匹・糸十絇《はかり》・布二十端・鍬二十口・稲一千束・水田四町を賜い、戸の調役《えつき》を免除するという決定が下った。久しく唐の地にあって苦しんだことをねぎらってのものである。（同書、三五一〜三五二頁）

こうした、倭国に帰還した逸話の最後の史料は、『続日本紀』慶雲四年（七〇七）五月の記事です。

讃岐国那賀郡《さぬきのくになかのこおり》（現香川県丸亀市《まるがめし》から善通寺市《ぜんつうじし》）の錦部刀良《にしこりのとら》、陸奥国信太郡《むつのくにしだのこおり》（現宮城県大崎《おおさき》

市）の生王（壬生《みぶの》）五百足《いおたり》、筑後国山門郡（現福岡県柳川《やながわ》市からみやま市）の許勢《こせ》部形見《べのかたみ》に、各衣一襲《かさね》と塩・穀を賜った。「初め百済を救ったとき、官軍は利がなく、刀良たちは唐の兵の捕虜となって、身分を没して官戸《かんこ》とされ、四十余年を経て免《ゆる》された。刀良は日本の（第七次）遣唐使《けんとうし》粟田真人《あわたのまひと》らに遇って、随って帰朝した。その勤苦を憐れんで、この賜物が有る」のである。

七〇七年ですから、白村江の戦いからじつに四十四年後のことです。たとえば、一九四五年の敗戦から四十四年後というと一九八九年。なんと平成元年です。二十歳だった人が六十四歳。三十歳の人が七十四歳になってしまうわけです。今でしたらお元気な人も多いですが、当時の平均寿命はおそらく四十代でしょうから、よほど幸運だったのでしょう。しかも、この人たちは日本から来た遣唐使に偶然出会ったので、連れて帰ってもらうことができたわけで、まさに奇跡としか言いようがありません。

逆に言えば、捕虜となったほとんどの人は、異国の地で亡くなったはずです。もちろん、異国の地で異国の人と結婚して幸せに暮らした人もいたでしょう。現在、中国人だと言っている人の中に、百済復興戦で捕虜になった倭国人の子孫もいるはずです。

写真6　金田城石塁

白村江と壬申の乱

百済復興戦の後日譚について、少し触れておきます。

この時代を、ほとんどの研究者は白村江の「戦後」ととらえていますが、じつは同時代の倭国の人からすれば、いつ唐や新羅が攻めてくるかもしれないという、まさに「戦中」でした。したがって、防衛体制の整備は急務だったわけです。最前線となる対馬や壱岐、筑紫国には守備兵としての防人をおき、外敵の襲来を急報するための「烽《とぶひ》」を設営します。これは山上などに壇を築き、草や薪を燃して昼は煙、夜は火によって「烽」から「烽」へとリレー形式で急を知らせる設備です。筑紫には水城と呼ばれる巨大な堤も築きます。

そして、北部九州から瀬戸内海を通って畿内へと侵入してくる敵に備えて、九州地方、瀬戸内地方の各地に山城を築きました。肥後《ひご》の鞠智《きくち》城（現熊本県山鹿《やまが》市から菊池市）や畿《き》内《ない》の高安《たかやす》城（現奈良県生駒郡平群町から大阪府八尾市）や、讃岐《さぬき》の屋島《やしま》城（現香川県高松市屋島）、対馬《つしま》の金田《かなた》城（現長崎県対馬市美津島町。写真6）などが有名です。

西日本の豪族たちは、百済復興戦のために多くの兵を取られ、多くの人間が戦死しました。そして戦いに負けてからは、国内防備のために多くの山城を造らされ、人員的にも経済的にも疲弊してしまっていました。そこに起きたのが、大王天智の後継者を巡る戦い、壬申の乱です。壬申の乱に勝利した大海人《おおしあま》皇子の傘下にあった軍勢の大半は東国の兵士、敗れた大友《おおとも》皇子が頼りにしたのは、この疲弊した西日本の兵士でした。つまり、戦う前から、勝敗は明らかだったわけです。

白村江の戦いの余波が、壬申の乱にも及んでいたことを、最後に指摘しておきたいと思います。

ボブ・ディランに、“Only a Pawn in Their Game”という歌があります。Pawnというのはチェスの「歩」のことです。戦死した歩兵の墓碑銘には、「奴らのゲームのしがない歩兵」と刻まれていたという歌です。私は戦争について考えるとき、いつもこの歌を思い出すのです。

第二章　応仁の乱と足軽

呉座勇一

石上　つぎにご発表をいただく呉座さんは、日本中世史をご専門にされています。ベストセラーとなった『応仁の乱』でご存じの方も多いかと思いますが、それ以外にも多くの著作を発表されています。本日のテーマ「足軽と土一揆」に関心のある方は、『一揆の原理』（ちくま学芸文庫）、『戦争の日本中世史』（新潮選書）もご覧になっていただければと思います。それでは、呉座さん、よろしくお願いいたします。

足軽の二面性

呉座　足軽とは何か。教科書に出てくるように、一般的には応仁の乱から出現したと言われています。応仁の乱で初めて足軽という「新戦力」が登場し、戦い方が変わったと説明されています。では、その足軽とはどういう存在のことを指すのかと改めて考えてみると、なかなかその定義は難しい。そこでまず、当時の史料では足軽をどのように表現しているのかを見てみましょう。

まず注目したいのは、足軽の「二面性」です。『碧山日録《へきざんにちろく》』という、京都の東福寺《とうふくじ》の僧侶であった太極《たいぎょく》の日記には、こう書かれています。

東陣に精鋭の徒三百余人あり。足軽と号す。甲《こう》を擐《つ》けず戈《ほこ》を取らず、ただ一剣を持ち敵軍に突入す。（『碧山日録』応仁二年六月十五日条）

東陣というのは、東軍のこと。応仁の乱はご存じのように東軍と西軍が分かれて戦ったわけですが、その東軍の側に精鋭が三百余人いた。甲をつけずとありますが、この時代の甲とは鎧のことですので、鎧もつけていないし戈や槍のようなものも持っていない。ただ剣だけを持って敵軍に突入していったということです。ここでは、足軽は「合戦で活躍する軽装の歩兵部隊」という意味合いで出てきます。

ところが、足軽のイメージというのは、それだけではありません。次に『樵談治要《しょうだんちよう》』という史料を見てみます。これは一条兼良《いちじょうかねら》という、当時の最上級の公家であり、たいへんな知識人でもあった人物が、室町幕府九代将軍の足利義尚《あしかがよしひさ》に献上した政治の意見書です。

「あしがるは超過したる悪党なり」「かたきのたて籠りたらん所におきては力なし、さもなき所々を打やぶり、或《あるい》は火をかけて財宝を見さ（探）ぐる事は、ひとへにひる強盗といふべし」（『樵談治要』）

図1　略奪をおこなう足軽（「真如堂縁起」真正極楽寺蔵）

足軽とは、並はずれた、とんでもない悪党だというわけです。そして本来、足軽とは戦うことが仕事なはずですが、かたき＝敵がいるところには攻めかからない。敵がいないところに押し入って、放火してモノを取ってゆく。これははっきり言って「昼強盗」である。白昼堂々と強盗をしているようなものであると、一条兼良は強く批判しているのです。

ここでの足軽は、「悪党であり、敵と戦わずに寺社・公家の屋敷などを破壊し、強盗（略奪）・放火をする人たち」ということになります（図1）。

「合戦で活躍する軽装の歩兵部隊」と、「略奪に精を出す悪党・強盗」という相反する二つのイメージがある。これをどう統合すればよいのか。

もう一つ興味深い記録を見てみます。『大乗院寺社雑事記《だいじょういんじしゃぞうじき》』といって、奈良の興福寺《こうふくじ》の門跡寺院である大乗院の門主を務めた、尋尊《じんそん》という僧侶が書いた日記に、足軽の記述があります。ちょうど応仁の乱が発生していた時期のものです。

京都・山城以下《いげ》のやせ侍共の一党、足白《あしじろ》と号し、土民の蜂起の如く一同せしむ。これ近来土民等、足軽と号し、雅意《がい》に任する故、此の儀の如しとうんぬん。（『大乗院寺社雑事記』文明四年二月十二日）

京都、山城のやせ侍、つまり貧乏な下級武士の一団が、足白——これは足軽と同じ意味だと思います——と名乗って、土民の蜂起のように暴れまわっている。これは民衆が足軽と称して好き放題にしているので、それを真似て下級武士も足軽と名乗って好き勝手に暴れて略奪をしているのだ、というわけです。

なぜそういうことになるのか。足軽と称することで、略奪行為を戦費調達という名目で正当化することができたからです。兵粮米として食糧を徴発する、陣地設営のために材木を徴発する、という理屈です。足軽は一種の傭兵ですが、雇い主である大名から報酬は支給されなかったようです。代わりに大名から略奪の許可を得ていたのでしょう。ただ右の記述からは、大名から雇われていないのに、勝手に足軽と名乗って略奪をおこなう人たちも少なからずいたように感じられます。

ここで非常に面白いのは、下級武士や土民が足軽と称して暴れる行為を、「土民の蜂起」、すなわち「土一揆」と似ているとしていることです。足軽とは、土一揆のようなことをする存在である、と当時の人びとは認識していたのです。

土一揆の性格

そこで次に、土一揆とはなにかという問題に触れてみたいと思います。

土一揆というと、幕府に対して徳政令を出させる、つまり借金を棒引きにする運動というイメージが強い。土一揆＝「借金チャラ」ということですね。もちろんそういう一面もありますが、それだけではありません。例えば、有名な正長《しょうちょう》の土一揆については次のような記録があります。

正長元年九月日、一天下の土民蜂起す。徳政と号し、酒屋・土倉《どそう》・寺院等を破却せしめ、雑物《ぞうもつ》等恣《ほしいまま》にこれを取り、借銭等悉《ことごと》くこれを破る。官《(管)》領これを成敗す。(『大乗院日記目録』)

この『大乗院日記目録』は、大乗院に伝来した記録類を尋尊が編年形式で編纂した書物です。酒屋・土倉・寺院とは、この場合はどれも金融業者と考えるべきでしょう。民衆が蜂起し、徳政を要求して金融業者に押し入って破壊行為をおこない、雑物、すなわちそこにあるものを取っていってしまうということです。

嘉吉《かきつ》の土一揆の時も、同じようなことが起きています。

土一揆、洛中洛外の堂舎・仏閣に楯籠もり、徳政を行なわれざらば、焼き払うべきの由、これを訴訟す。今称するところの徳政は、其の名は尤《もつと》も珍重《ちんちよう》、其の実はただ理《ことわり》なく借書を破るべし、謂われなく質物を返すべし、蓋《けだ》し此の儀なり。甚だ以て徳政の称に背くものなり。(『建内記《けんないき》』嘉吉元年九月六日条)

『建内記』とは、内大臣にまで昇った公卿、万里小路《までのこうじ》時房《ときふさ》の日記です。土一揆が京都市内や郊外の寺社に立て籠もり、徳政令を出さなければ寺を焼き払ってしまうぞと幕府を恫喝していることがわかります。時房は、土一揆を強く批判しています。徳政というのは、文字通りに読めば徳のある政治、良い政治という意味です。名前は立派だけれど、土一揆がやっていることは、何の理由もなく借用書を破って借金をチャラにしたり、借金を返してもいないのに、担保として金融業者が預っている質物を奪ったりしてしまう狼藉である。徳政とは名ばかりの悪事なのだ、と。

徳政というスローガンだけ聞くと、すごく良いことをしているように感じてしまうが、実際には金融業者を襲撃して、略奪をしているだけではないかと、時房は非難しているわけです。

当時の金融業者は、いわゆる「高利貸し」ですので金利がはなはだ高い。年率で六〇パーセントとか七〇パーセントぐらいは取られる。だから一揆や民衆の側には、悪徳業者を懲らしめる世直しなのだという理屈はあります。これは徳政なのだ、自分たちは正義の行いをしているのだと考える。しかし、酒屋・土倉・寺院などの金融業者から見れば、ただの略奪・破壊活動ということになる。

「田舎者」は何をしに京都へ

さらに面白い記事が、『経覚私要鈔《きょうがくしようしょう》』という史料に出てきます。経覚《きょうがく》という、『大乗院寺社雑事記』の記主である尋尊の前任の大乗院門主の日記です。経覚は長禄元年（一四五七）の土一揆について、次のように記しています。

辰の初点、山城馬借《ばしゃく》等、三十三間辺に於いて時（鬨《とき》）を作《な》し了《おわ》んぬ。入京せんが為か。然るに申の下刻聞くに云く、多分質物を出《い》だすの由申すとうんぬん。田舎者はタダ取、竹田・九条・京中の者は十分一を出だして取るの由申すとうんぬん。希代の事なり（『経覚私要鈔』長禄元年十一月朔日条）

馬借は本来、運送業者のことですが、この時代には馬借が土一揆に参加することが多かったため、「土一揆」の意味で「馬借」という言葉を使うことがありました。右の「山城馬借」も土一揆のことを指しています。土一揆が三十三間堂《さんじゅうさんげんどう》のあたりで鬨の声をあげた。つまりエイエイオーと決起した。彼らは入京しようとしているではないか、鴨川を渡って京都に襲いかかってくるのではないかと心配しているわけです（この時代は鴨川の西が京都で、三十三間堂付近は厳密には京都ではありませんでした）。そして、土一揆に襲撃されそうなので、金融業者が先手を打って質物を返すこととしたというのです。襲撃されて店を破壊されたり放火されたりするくらいなら、先に質物を返してしまおうと。

興味深いのはその後のくだりです。田舎者というのは、もともと京都住民ではなく遠方から来た人ですが、彼らはタダで、つまり借金をいっさい返済することなく質物を返してもらった。一方、竹田・九条というのは、京都と地続きの南側の場所ですから、要するに「竹田・九条・京中の者」というのは京都住民のことです。その京都住民は、債務額（借金）の十分の一を支払って、質物を返してもらったと書いてある。

金融業者は、質物を返すと言っているわけですから、京都住民も別に金を払わなくても質物を取り返すことはできた。しかし、彼らは京都の金融業者と今後も関係を継続する必要があったのでしょう。また金を借りる必要が出てくるかもしれない。次に借りる時のことを考えて、十分の一とはいえ、返済したうえで質物を返してもらった。

しかし、「田舎者」がわざわざ京都の土倉から金を借りるという状況は想像しづらい。彼らの地元にも金融業者は存在したはず。小規模な金融業者であれば、地方にもありましたから。つまり、土一揆を起こした民衆のうち、「田舎者」はそもそも土倉など京都の金融業者から金を借りていなかったかもしれないわけです。債権債務関係がなかった可能性がある。

　地元の金融業者から金を借りたにもかかわらず、なぜか京都までわざわざやってきて、土倉の蔵からものを奪ってゆく。となると、借金とは何も関係なく、ただ略奪しに来ただけということでしょう。債務を破棄したのではなく、京都に来て、単に略奪を働いただけなのかもしれないのです。

飢饉・悪党・徳政一揆

　この時代、略奪行為というのは、しばしば悪党の所業ととらえられ、そのように表現されます。そう考えると、そもそも土一揆、あるいは徳政一揆というものと、悪党行為との間には密接な関係があったことがうかがえます。

　具体的な事例をもう少し見てみましょう。たとえば嘉吉三年（一四四三）七月の京都では、次のような出来事がありました。


　今夜五条坊門室町辺焼亡す。数町焼くとうんぬん。此の間、連夜焼亡す。皆強盗の為すところとうんぬん。天下飢饉・悪党充満、世の土蔵悉《ことごと》く質物を取られ、また徳政

の怖畏とうんぬん。仍《よ》って飢饉忽《たちま》ち餓死勿論なり（『看聞日記』嘉吉三年七月二十四日条）

『看聞日記《かんもんにっき》』とは、伏見宮貞成《ふしみのみやさだふさ》親王という皇族が残した日記です。五条坊門室町というのは、京都を東西に走る五条坊門通（四条通と五条通の中間に位置する通り。現在の仏光寺通）と、南北に走る室町通の交差するあたりですが、そこの家屋が火事で焼けた（地図1参照）。自然に起きた火事ではなく、毎晩毎晩、強盗が放火していた。世の中は飢饉状態で人びとは飢え、悪党が満ち溢れていた。土蔵というのは土倉、すなわち金融業者ですが、彼らはみな、質物をとられてしまう。また徳政一揆が起きるのではないかという心配もある、というわけです。

この時期は慢性的な飢饉状態で、その結果、みな食うに困って治安が悪化している。放火や強盗、悪党行為が日常的なものになっている。だからまた徳政一揆が起きるのではないかという危惧があるということなのです。ここでは、食うに困った者が起こす放火・強盗・略奪行為と、土一揆・徳政一揆が地続きのものとしてとらえられていることに注意すべきでしょう。簡単に言えば、徳政一揆には、食うに困った人びとが参加して、略奪をおこなっているという側面もあったということなのです。

地図1　応仁の乱当時の京都（洛中の被災状況図）

土一揆の軍事力

次に、土一揆の軍事的な側面についても見てみましょう。

土一揆が京都に攻めてきたら、幕府としては軍を率いて戦わなくてはなりません。『大乗院寺社雑事記』の寛正三年（一四六二）の記述を見てください。

土一揆、京中に乱入して、土蔵・其の外の家々に乱入せしめ雑物を取り了んぬ。剰《あまつさ》え放火し、三十余町焼失すとうんぬん……（中略）……仍《よ》って諸大名に仰せ付けられ払わさるるのところ、大名の内者《うちのもの》、また土一揆引汲《いんきゅう》と号する者、所々に乱入せしむ

（『大乗院寺社雑事記』寛正三年九月二十一日条）

土一揆が京都に攻めてきた。金融業者や、関係ない家にまで乱入して物を奪ってゆく。しかも放火までする。当時の将軍、室町幕府八代将軍の足利義政《よしまさ》は、諸大名に土一揆の鎮圧を命じます。ところが、大名の家来たちが土一揆に味方して、土一揆に便乗して略奪を始めてしまったというわけです。土一揆には民衆だけでなく、武士が参加することも

あったのです。

この寛正の土一揆の場合、大将となったのは蓮田《はすだ》兵衛《ひょうえ》という人物でした。


大将は蓮田兵衛と云う。牢人の地下人なり（『新撰長禄寛正記』）

この『新撰長禄寛正記』は長禄・寛正年間（一四五七～一四六六）の出来事を記した歴史書ですが、作者も成立年もわかっておりません。おそらく戦国時代に成立した史料でしょう。

この蓮田兵衛という人物、たいへん立派な名前を持っていますが、じつのところ、その素性は不明です。ただ牢人とされていますので、もともと武士だったけれど、失業して牢人になった人なのでしょう。その元武士が大将になっていたこともあって、この一揆はかなり強く、鎮圧まで一ヵ月以上かかっています。

以下は長禄元年（一四五七）、つまり寛正の土一揆の五年前の記事です。


今日、土一揆を払わんがため仰せつけらるか、細川の内者六十騎ばかり、罷り出で合戦せしむるのところ、安富《やすとみ》二郎《じろう》左衛門尉《さえもんのじょう》以下十一人・蔵方《くらかた》大将梅墻と云う者打たれるの間、程なく引き退き了んぬ。仍って土一揆いよいよ陸梁《りくりょう》す（『経覚私要鈔』長禄元年十月二十七日条）

土一揆が攻めてきたので、将軍足利義政が細川勝元《ほそかわかつもと》に鎮圧を命じます。細川の家来六十人ばかりが鎮圧に出ます。安富二郎左衛門尉というのは細川勝元の家来です。蔵方大将の梅墻というのは、土倉が雇った用心棒の大将です。土倉も、何度も土一揆にやられてはたまったものではないので、用心棒を大勢雇っていたのです。その用心棒の大将の梅墻と細川家臣の安富が、ともに討ち死にしてしまい、敗れた幕府軍は退却してしまったということなのです。幕府方敗北を知った土倉たちは質物を返すことにしました（四一・四二頁）。幕府軍に勝ってしまうほど、土一揆は強かったという状況がわかります。

京都を襲った土一揆

一四〇〇年代に、京都を襲った土一揆を一覧にしました（表1参照）。一四六二年の土一揆が寛正の土一揆という、かなり大規模な一揆です（四六・四七頁）。

年代	00	01	02	03	04	05	06	07	08	09
1420年代									○	
1430年代										
1440年代		○						○		
1450年代					○			○	○	○
1460年代			○	○		○	○			
1470年代										
1480年代	○				○	○	○	○	○	

表1　京都を襲った土一揆

この表を見ると、一四五四年の土一揆以後、一四六六年まで一揆はかなり頻繁に起きています。長くて三年、短いときには一年間隔で一揆が京都を襲っています。しかし一四六六年を最後に、しばらく一揆はなりを潜め、京都では一揆の活動は見られなくなります。そして一四八〇年代になってから、再び京都での一揆が復活していることがわかると思います。

なぜ、こうしたことが起きたのでしょう。飢饉がなくなったのか、政治が良くなって民衆の不満が解消されたのかというと、どうもそうではない。飢饉はあいかわらず続いていて、民衆の暮らしは苦しかった。ではなぜ、土一揆はいったん途絶えたのか。

この時期に何があったのか。そう、応仁の乱です。一四六七年に勃発した応仁の乱は、一四七七年まで続きました。その間、土一揆は姿を消していたのです。一方、応仁の乱の戦場にはほとんどならなかった奈良では、乱中に土一揆が発生しています。

そこから見えてくるのは、それまで土一揆を起こしていた人たちが、応仁の乱が起きたために足軽になった、だから土一揆がなくなったという事実です。それ以外に考えられません。生活苦から土一揆に参加して京都で略奪をおこなっていた人たちが、応仁の乱が起きたので、今度は足軽として略奪をおこなっていたわけです。

土一揆と足軽

土一揆と足軽とは、地続きの存在だったことがおわかりいただけるでしょう。

従来の研究では、一揆は権力と戦う「反権力」の存在とされていました。一方で、足軽は大名の手下なわけですから「権力の手先」と位置付けられてきました。そのため、おおざっぱに言えば、土一揆は高く評価され、足軽の評価は低かったのです。

ところがその両者は、じつは同じ人がやっている。実態としてもやっていることは略奪ですから、同じことをやっているというわけです。したがって、「土一揆はすばらしく、足軽はけしからん」という論は、まったく成り立たないものなのです。

そこから見えてくるのは、民衆が必ずしも反権力の動きをしていたわけではないという事実です。民衆は、その時の状況に応じて反権力的な動きをみせることもあれば、権力の手先として動くこともあった。飢饉や戦乱が頻発する時代には民衆は生き延びることに必死で、生きるためには手段を選ばなかった。それが足軽や土一揆という存在を通して見えてきた、歴史の事実だと思います。

応仁の乱について、ここ数年のあいだに世間の関心は飛躍的に高まったと思います。それをとっかかりとして、ぜひこうした歴史の側面にも注目が集まればと思っております。

第三章　オランダ人が見た大坂の陣

フレデリック・クレインス

石上　つづきまして、クレインスさんの発表に移りたいと思います。クレインスさんは日欧交渉史を専門とされています。現在は、平戸オランダ商館文書の調査を精力的に進めています。その成果は新聞記事などで多数紹介されていますので、ご存じの方も多いかもしれません。本日はそうした近年の研究成果をご紹介いただけるかと思います。それではよろしくお願いいたします。

大坂冬の陣、夏の陣

クレインス　慶長十九年と二十年、西暦ではそれぞれ一六一四年と一六一五年に起きた大坂冬の陣と夏の陣は、戦国時代最後の合戦として有名です。江戸幕府を築いた徳川家康《とくがわいえやす》が、豊臣家の本拠である大坂城を攻め落とし、豊臣秀吉《とよとみひでよし》の遺児秀頼《ひでより》と、その生母淀殿《よどどの》を死に追いやった戦いです。

家康は全国の諸大名に出陣を命じ、総勢二十万にも及ぶ大軍勢で大坂城を攻囲しました。対する豊臣方は、真田信繁《さなだのぶしげ》や後藤又兵衛《ごとうまたべえ》といった、戦国時代の武将であった人物あるいはその息子なども参加していましたが、兵の主力となったのは牢人たちでした。大坂冬の陣で豊臣方は善戦し、勝敗は容易に決しませんでした。家康は和睦を持ち掛け、大坂

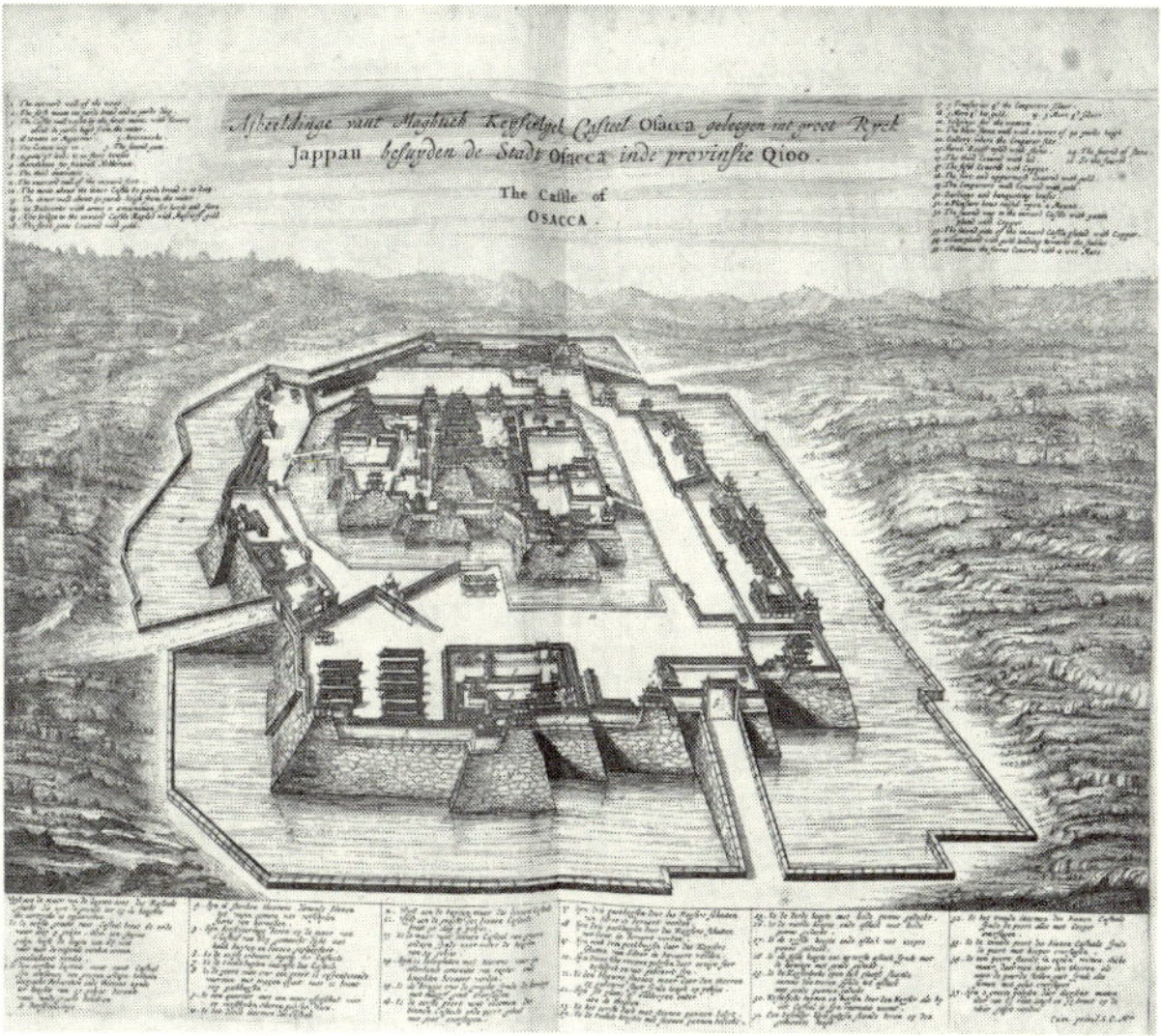

図1　大坂城図（モンターヌス『東インド会社遣日使節紀行』1669年刊所収、国際日本文化研究センター所蔵）

城の堀を埋めることなどを条件としてひとまず和睦が成立します。

しかし、豊臣方は依然として多くの牢人を抱えていて不穏な空気が漂っていました。家康は彼らを退去させるよう求めますが、豊臣方ではこれを受け入れることができません。その結果、一六一五年の夏に再び全国の大名が大坂城に攻め寄せます。大坂夏の陣です。この時も豊臣方は善戦し、一時は家康の身が危うくなるほどでしたが、最終的には豊臣秀頼と淀殿が城内で自害し、大坂城は落城します。

この戦いによって豊臣氏は滅亡し、江戸幕府による支配体制、すなわち幕藩体制が確かなものとなりました。

大坂近郊にいたオランダ人の証言

この戦いについては、その経緯や様相を記録する書状、伝記などが数多く現存し、さらには、後で触れるように、戦いの状況を詳細に描いた合戦図屛風も残っています。また当時、大坂城にはイエズス会士が滞在していて、本国のイエズス会本部に送られた報告書に、この戦いについて書き留められています。このイエズス会の報告書についても、割合、知られていると思います。

そして、これはあまり知られていないのですが、この時期、イエズス会士だけでなく、大坂城の近郊にはオランダ人も滞在していました。彼らも、この戦いについていろいろと書き残しています。なぜ、オランダ人がその時に大坂にいたのでしょうか。オランダ人は一六〇九年に長崎の平戸に商館を設立して、家康が亡くなるまで、日本国内を自由に行き来することが許されていました。

日本に滞在するオランダ人は、主に毛織物を販売していました。当時の京都、大坂、堺は商業の中心地でしたので、オランダ商館は、オランダ商品の販売の管理・監督のために関西に商館員を駐在させていました。彼らは取引先の商人の家に宿泊し、定期的に平戸オランダ商館長に書簡を送付して、商売の進み具合について報告していました。それらの書簡の中には、現地で何が起きているのかを伝える報告も含まれており、大坂の陣前後の混乱についての情報も見られます。

　これらの書簡は、初代オランダ商館長を務めていたジャック・スペックスの書簡綴《つづり》帳《ちょう》に収められています。

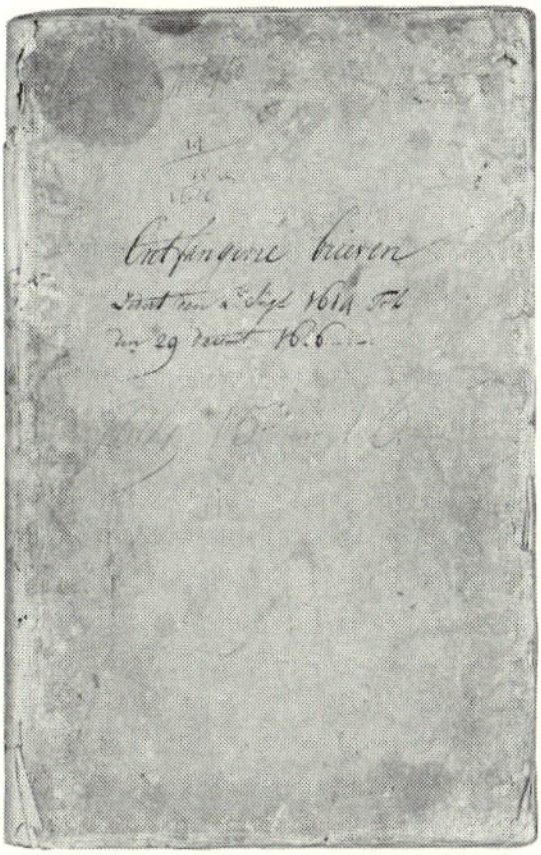

図2　平戸オランダ商館長ジャック・スペックスの書簡綴帳（ハーグ国立文書館所蔵）

　この綴帳はオランダのハーグ国立文書館で保管され、現在、国際日本文化研究センターがオランダのライデン大学と共同で、この綴帳を含む平戸オランダ商館関連文書の調査を進めています。綴帳の表紙には、次のとおりに書かれています。

一六一四年八月四日から一六一六年十二月二十九日までに受信された書簡

つまり、これは平戸オランダ商館長スペックスが一六一四年夏から一六一六年末までのあいだに受信した書簡を、スペックスあるいは平戸オランダ商館の書記が、書類整理の一環として書き写して、一冊の綴帳にまとめたものなのです。この綴帳には全部で百三十通の書簡が綴じられています。書簡の差出人は、アジア各地のオランダ商館長や、日本国内各地に滞在していたオランダ商館関係者です。

現在のところ、この綴帳の中で大坂の陣に関連する記述のある書簡が十通以上見つかっています。発信者は、堺、大坂、京都、室津《むろつ》（現兵庫県たつの市）に滞在していた平戸オランダ商館関係者で、大坂の陣前後に彼らが各地で見聞した関連情報を伝えています。

戦場から避難する民衆

まず最初に紹介する書簡は、メルヒヨル・ファン・サントフォールトというオランダ人が、一六一四年十一月二十九日に、堺から平戸オランダ商館長スペックスに送付したものです。ファン・サントフォールトは、一六〇〇年に日本に漂着したオランダ船リーフデ号の元乗組員で、以来、堺に住んで商業を営んでいましたが、その一環として、オランダ商館の取引の仲介役としても活躍しました。ちなみに、このリーフデ号には、後に幕府の外交顧問となるヤン・ヨーステンや、イギリス人のウィリアム・アダムス（三《み》浦《うら》按針《あんじん》）も乗船していました。

この書簡の冒頭には、次のとおりに書かれています。

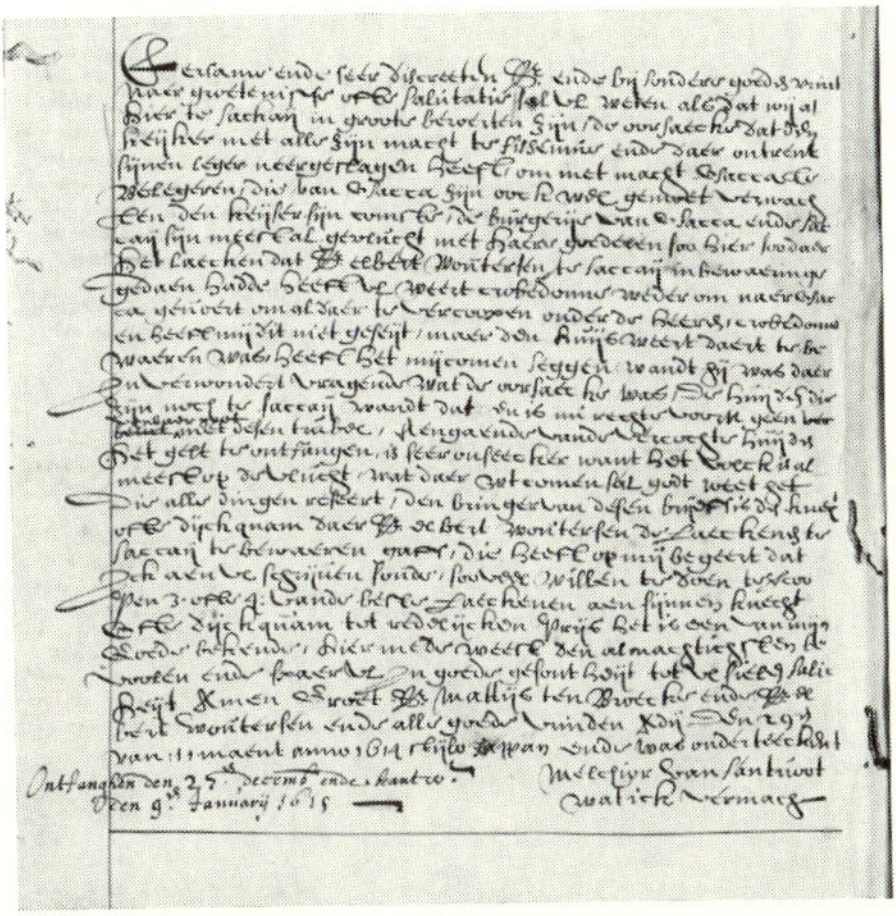

図3　メルヒヨル・ファン・サントフォールトより平戸オランダ商館長宛書簡、堺、1614年11月29日付（ハーグ国立文書館所蔵）

拝啓　当地堺で、我々は皆、大混乱状態に陥っていることを知らせる。その理由とは、大御所様が大坂を攻囲するために、その全軍を率いて、伏見やその周辺に軍を配置したことである。大坂方は士気高く大御所様

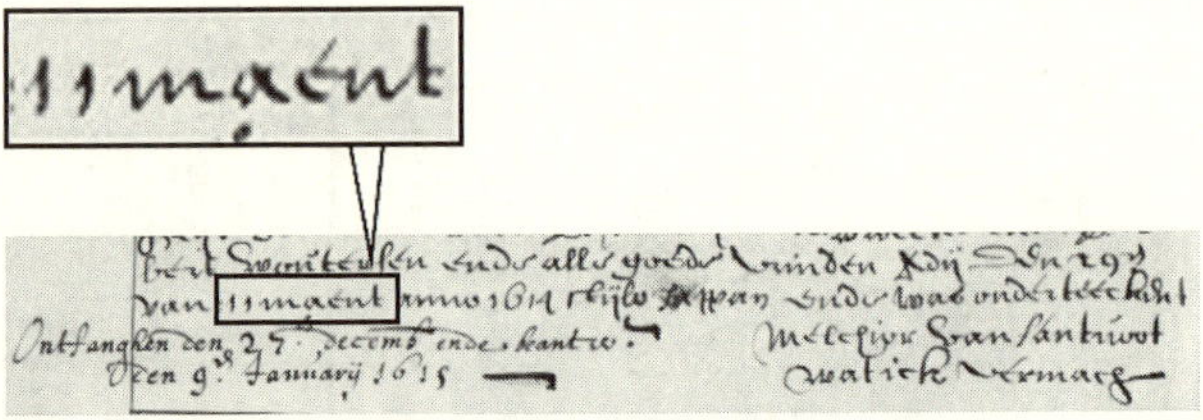

図4　ファン・サントフォールトの書簡における日付

の到来を待ち受けている。大坂と堺の市民たちの多くがその荷物を持ってあちこちへ逃げた。

先に触れたように、書簡の日付は「一六一四年十一月二十九日」となっていますが、ファン・サントフォールトは長く日本に住んでいたためか、年号は西暦であるのに対して、月日は和暦となっています。普通ならば十一月は「ノヴェンバー」(november)と書くところですが、ここでは「十一番目の月」(11 maent) という表現をしているのです。したがって、この書簡が出されたのは慶長十九年十一月二十九日というわけです。

この時、徳川軍はすでに大坂を包囲して、大坂城の北東にある鴫野《しぎの》・今福《いまふく》での激闘が起こっていました。それらの戦いの前に、大坂と堺の民衆は荷物を持って、戦場から遠く離れたところへ避難したことが、この書簡の内容からわかります。つまり、大坂の陣の際、町には豊臣方以外の民衆はあまり居残っていなかったのではないかと推測できます。ファン・サントフォールト自身も、豊臣軍による堺への焼き討ちを恐れて、冬の陣の和睦が成立した後、夏の陣が起きる前に長崎へと逃げています。

ファン・サントフォールトが堺から逃げた理由については、当時関西にいたオランダ商館員エルベルト・ワウテルセンがスペックス商館長に次のように書いています。

メルヒヨル・ファン・サントフォールトが下〔長崎〕へ行く理由は、一方では、大御所様が再び下〔大坂〕へ来て、城の攻囲のために堺の町を利用することができないように、秀頼様が堺を焼き討ちするであろうという噂が広がっているからである。他方では、長崎に滞在することにより、新鮮なパン、肉、鶏等の必要な食料を入手することができるとメルヒヨルは考えているからである。また、〔長崎では〕当地よりも外国人に慣れている。というのも、〔当地で道に出ると〕子供たちが声を上げたり、追いかけたりするという日本の悪い習慣があるため、常にまるで囚人のように家に留まらなければならない。

この文章からは、民衆のあいだで豊臣方による堺の焼き討ちが恐れられていたことと、堺では必要な食料を入手することが困難となっていたことがわかります。また、すでに地元の人の多くが逃げている状態で、外国人であるためかなり目立っていました。それらのことを考慮したファン・サントフォールトは堺を後にして、焼き討ちに遭う恐れもなく、食料も入手しやすくて、外国人としてあまり目立たない長崎へ向かったようです。

焼き払われた大坂の姿

次に紹介する書簡は、前述の平戸オランダ商館の商館員エルベルト・ワウテルセンが、一六一五年一月二十九日に堺から商館長宛に送付したものです。これは西暦ですので、和暦に置き換えると、慶長二十年正月元日となります。豊臣方と徳川方とのあいだで和睦が成立し、徳川軍の包囲が解かれた十日ほど後のことです。

ワウテルセンの書簡の冒頭には、次のとおりに書かれています。

拝啓　今月二十五日に無事に堺に到着した。大きな悲しみではあるが、大坂の大部分が全焼したことをそこで知った。

ワウテルセンも自ら大坂に赴き、そこで大坂の荒れ果てた姿を目の当たりにします。ワウテルセンはつづいて次のとおりに書いています。

> 秀頼の命令の下に一万五千軒の家が全焼させられ、四方に大砲の射程よりも広い空地ができた。

この広い空地は、船場のことであると推測されます。豊臣方は、徳川方の攻撃で木《き》津《づ》川《がわ》口と博労淵《ばくろうぶち》の砦を失った時に、船場方面の守りがなくなったために、船場の町屋に火を付けて撤退しました。ワウテルセンの文章に出て来る大砲——オランダ語で goteling（ゴーテリン）と言いますが——は鉄製大砲で、その射程はおよそ一

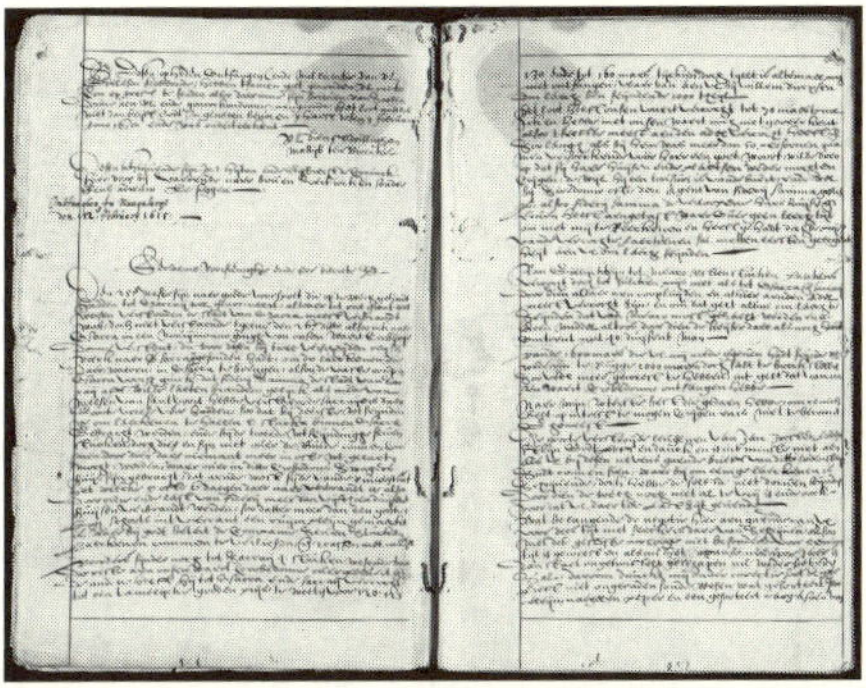

図5　エルベルト・ワウテルセンより平戸オランダ商館長宛書簡、堺、1615年1月29日付（ハーグ国立文書館所蔵）

キロメートルでした。

図6は、もう少し後の時代のもので、明暦三年、西暦では一六五七年の大坂の図ですが、当時の船場は北側を淀川（土佐堀川）、南を長堀川、西を西横堀川、東を東横堀川に囲まれていました。その範囲は東西一キロ、南北二キロの幅であり、ワウテルセンの記録している射程とほぼ同一です。管見によれば、この書簡における「一万五千軒の家が全焼させられ」というのは、船場の被害の範囲を明記している唯一の史料です。他の日本側史料に、こうした記述は見つかっていないと思います。

ワウテルセンが書いた別の書簡にも、冬の陣直後の大坂の町の荒れた状況について次のとおりに記されています。

また、我々の宿主クロベエ殿がしばらくのあいだ、当地堺で家を借りているため、私もその家に滞在している。というのも、現在大坂に住むことができない。なぜなら、〔そこは〕都市というよりも荒れ地のように見えるからである。というのは、全焼していない家屋はその街路に面した部分が壊され、また、現在、川の埋め立てのために、家屋の修理ができない。

これは西暦一六一五年二月九日（慶長二十年正月十二日）に堺で書かれたものですが、この書簡からは大坂城の堀の埋め立ておよび大坂を流れる川の付け替え作業のために、破壊された一般民衆の家屋の修理が後回しにされ、なおかつ街路に面している部分が壊されて

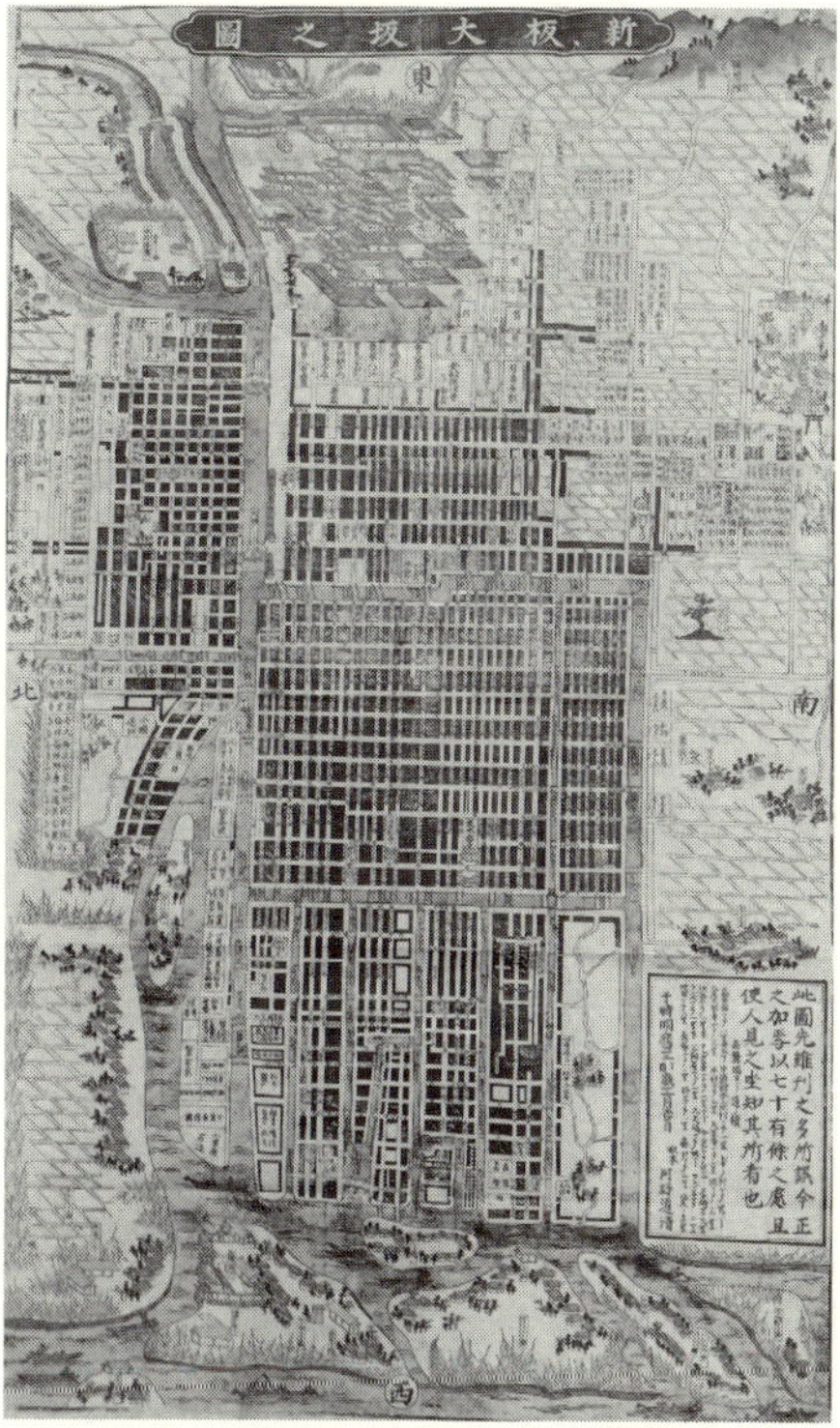

図6　明暦3年刊の大坂之図（国際日本文化研究センター所蔵）

いたことがわかります。

この書簡には、家康が同月四日に京都を出発したのに対して、秀忠《ひでただ》は、着手された川を埋める仕事が正しく進められるように天王寺に残っており、二〜三日以内に京都へ出発し、そこで十日ないし十二日滞在し、内裏様《だいりさま》に拝礼するだろうと書かれています。ワウテルセンも次の日に、平戸から持参したすべての商品を持って京都へ赴きました。

再び戦争へ

ワウテルセンは十日ほど京都に滞在して、そこで複数の商品を売却した後、再び堺に戻りました。堺では商業活動が非常に低調であり、ワウテルセンのところに買付に来る商人もほとんどいませんでした。四月にイギリス人が商品を持って堺に来ましたが、そのイギリス人は商機がないと察知して、江戸へ赴くことにしました。ワウテルセンの書簡には、徳川方によって大坂城にあった三つの城壁の内、二つが取り壊されることも伝えられています。これは、冬の陣が終わった際の徳川方と豊臣方とのあいだで交わされた停戦の条件の一つであった、大坂城の二の丸と三の丸の撤去のことです。これにより豊臣方の防備を崩すことで、徳川にとっての脅威が無くなり、大坂の町に平和が戻って来るはずでした。

しかし、その後に再び状況が変わります。ワウテルセンの書簡では、妙な噂について書かれています。書簡によると、徳川方が堰《せ》き止《と》めた川を、豊臣方が再び開くということでした。ワウテルセンが言及している「川」はおそらく徳川方によって埋められた大坂城の内堀のことでしょう。

ワウテルセンは五月一日付の書簡において、家康が再び大坂に向かっていることをスペックス商館長に伝えています。また、その理由について次のとおりに書いています。

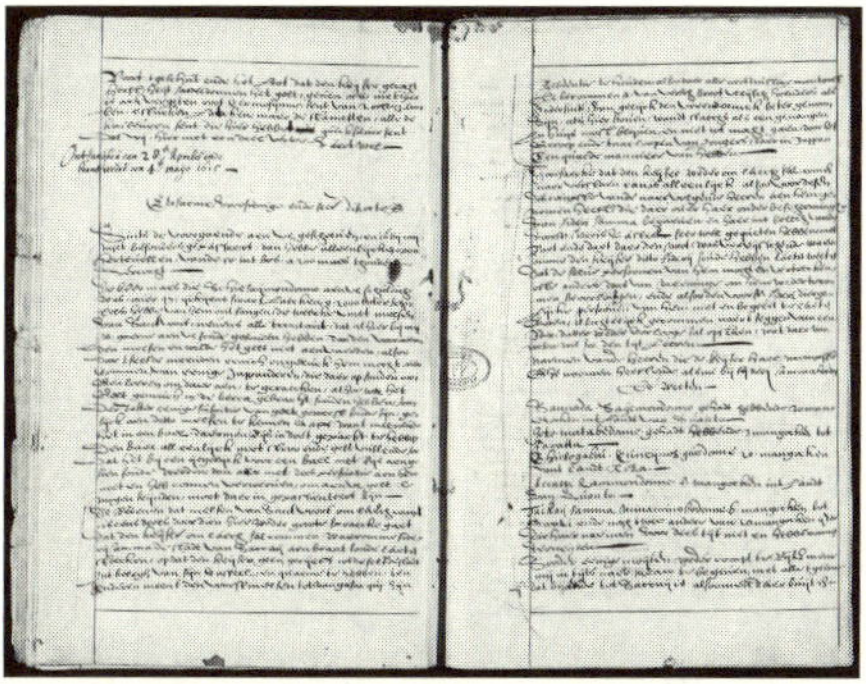

図7 エルベルト・ワウテルセンより平戸オランダ商館長宛書簡、大坂、1615年5月1日付(ハーグ国立文書館所蔵)

大御所様が再び下〔大坂〕へ来る理由は、私の理解する限り、下記の大名の収入〔知行〕を没収した結果、彼等が秀頼様の保護を受けに行き、前述の秀頼の城の攻囲の際に立派に責務を果たし、必要に応じて助言や行為で支援していたからということのみである。そのため、大御所様はそれらの人物を退去させるよう前述の秀頼に伝えた。また、それが実現しなければ、再び戦争をしに来るとの考えを〔大御所様が〕持っていた。従って、秀頼はそのような人物を退去させることを望んでいないので、再び戦争になると皆が言っている。それはどうなるのか、時間が教えてくれる。

大御所様が収入〔知行〕を没収し、現在秀頼様のところにいる大名の名前。

つまり、

真田左衛門殿、関東に三十万石〔の領地〕を所有していた

後藤又兵衛殿、博多に三万石〔の領地〕を所有していた

長宗我部《ちょうそかべ》クニエノスケ〔盛親《もりちか》〕殿、土佐に二十万石

明石掃部《あかしかもん》殿、関東に八万石

タカイ様ミナミネボ殿、オワジに六万石。さらに、二十万石ずつを所有する者がもう二人いるが、今のところ、彼等の名前はまだわからない。

以上の豊臣方に付いている武将のリストに挙げられている「タカイ様ミナミネボ殿」に

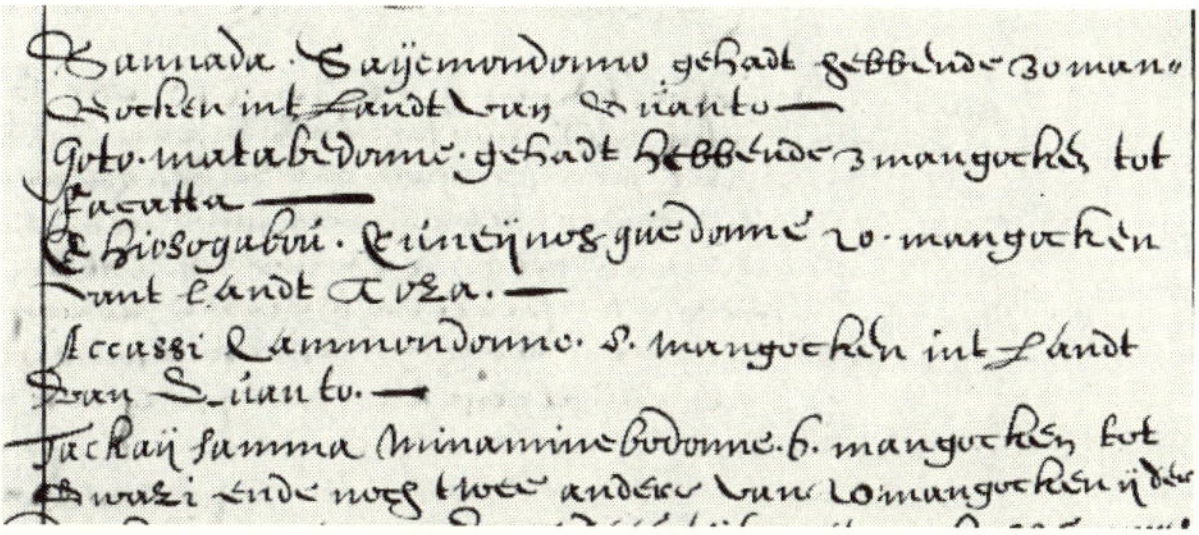

Sannada Saijemondonno gehadt hebbende 30 man
gochen int Landt van Quanto—
Goto matabedonne gehadt hebbende 3 mangochen tot
Facatta—
Chiosogabue Kunaijnosguedonne 20 mangochen
vant Landt Tosa.—
Accassi Cammondonne 8 mangochen int Landt
van Quanto.—
Tackaij samma Minamminebodonne 6 mangochen tot
Awazi ende noch twee anderen van 10 mangochen ijder

図8　ワウテルセンの書簡における豊臣方の武将のリスト。「真田左衛門」は一番最初にSannada Saijemondonnoとして挙げられている

ついては、誰を指すのかを特定するのが困難です。「南坊」という号を持っていた高山右近《たかやまうこん》を指す可能性があります。高山右近はこの時すでにフィリピンのマニラで亡くなっていますが、彼も豊臣方に付いているという噂が民衆のあいだで広がっていたことは十分に考えられます。また、余談ですが、真田信繁（幸村）が当時一般民衆のあいだで「真田左衛門」と呼ばれていたことをこの史料から読み解くことができることを申し添えます（図8）。

このような緊迫した状況の中で、ワウテルセンは、堺に住んでいる民衆と同様に再び避難の準備を進めました。そして、「火事や損害を受ける心配から解放されるために」、手元にある品物と堺に置いてある品物をすべて持って、再び京都へ逃れました。

焼き討ちを恐れる京都の人びと

次に紹介する書簡は、ワウテルセンの同僚に当たるマテイス・テン・ブルッケという商館員が書いたものです。日付は「一六一五年五月十日」となっています。これは、慶長二十年四月十三日に当たります。夏の陣に出陣するために、家康が京都に到着する一週間前のことです。テン・ブルッケは瀬戸内の牛窓《うしまど》（現瀬戸内市）に着いた時に、そこに碇泊していた平戸船の船員から夏の陣が開戦したことを知らされます。そこで彼は、戦乱を避けるために牛窓から尼崎経由で京都へ行き、そこですでに京都に避難していたワウテルセンと合流しました。

テン・ブルッケの書簡では、当時の京都の様子が次のとおりに記録されています。

毎日、多くの大名や兵士が当地に到着し、彼等は伏見と大坂の間で宿泊している。そのため、京都の人びとは、焼き討ちに遭う恐れが無くなっている。というのも、これまでそれがひどく恐れられており、多くの荷物が安全な場所に持ち去られていた。

この記述から、徳川軍が到着する前に、京都の人びとは豊臣軍の焼き討ちを恐れて、荷物を町の外の安全な場所に運んでいたことがわかります。現に、堺が焼き討ちされたとの噂がすでに出回っていて、実際にその二週間後に堺は壊滅しました。しかし、家康が京都に到着する前に、すでに各藩からの部隊が到着して大坂と伏見とのあいだに駐屯しているので、豊臣軍による京都の焼き討ちの危険はなくなったと、京都の人びとの安心した様子

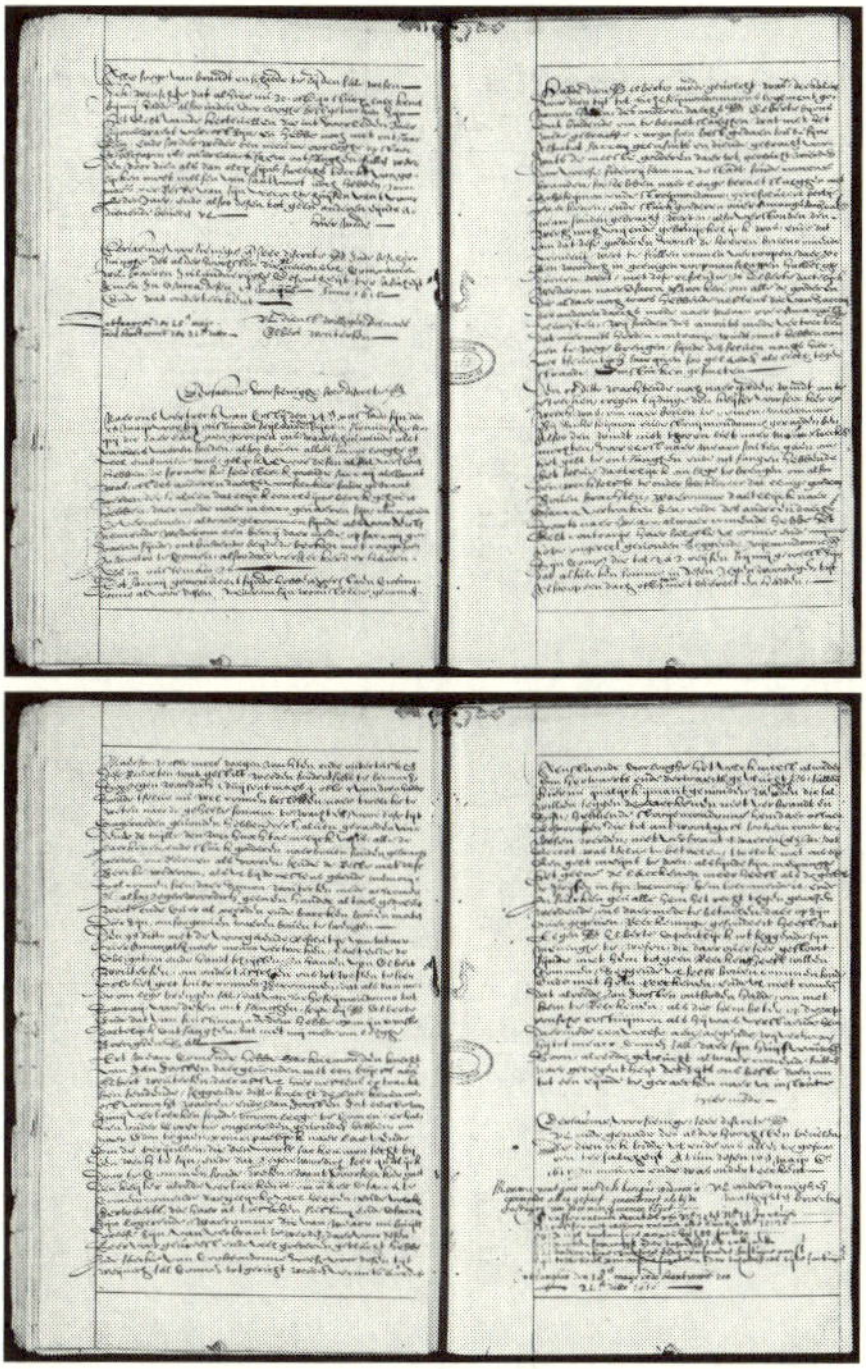

図9　マテイス・テン・ブルッケより平戸オランダ商館長宛書簡、室津、1615年5月10日付（ハーグ国立文書館所蔵）

が記述されています。
それでも、ワウテルセンおよびテン・ブルッケが五月二十八日（和暦の五月一日）に京都から平戸オランダ商館長に送った書簡には、京都の町のさまざまな場所で放火するために豊臣軍より派遣された兵がいて、京都で十五人が捕まったと記録されています。同書簡によると、彼等は全員磔にされたとのことです。

その他の書簡にも、戦乱を利用して泥棒や放火犯が多かったことが記されています。そして、市民たちがそれを防ぐために警備隊を組織し、町を巡回して警備しているといった記述もあります。

このように、オランダ側史料を読み込むことで、戦乱における民衆の動向が鮮明に浮き彫りになってきます。各武将の武勇伝に偏る日本側史料に、こうしたオランダ側史料を突き合わせることにより、複眼的かつ立体的に大坂の陣における民衆の動向を復元できるようになる可能性があることを指摘したいと思います。

次の書簡は、ワウテルセンおよびテン・ブルッケが連名で六月十一日にオランダ商館長宛に送付したものです。和暦ですと五月十五日に当たりますので、大坂城落城よりちょうど一週間後です。この書簡では、落城間際の大坂城の状況についての情報が次のとおりに伝えられています。

大御所様およびその息子である江戸の王〔秀忠〕が他の大名たちとともに、秀頼様に戦争を仕掛けるために当地の京都および伏見に来ていることについては以前に貴殿へ報告した。当〔六〕月二日に大御所様、その息子および全軍は、秀頼の城を攻囲するために大坂へ向けて出発し、同月三日に到着した。前述の秀頼の数人の大名が赦免を得ることを望んで、大御所様側に寝返るために城に火を付けたが、彼等は脱出できる前に秀頼〔方〕によってその場でそれぞれ投げ殺された。また、その火事を消すことは不可能であったため、戦う勇気を失った秀頼と他の大名たちは切腹

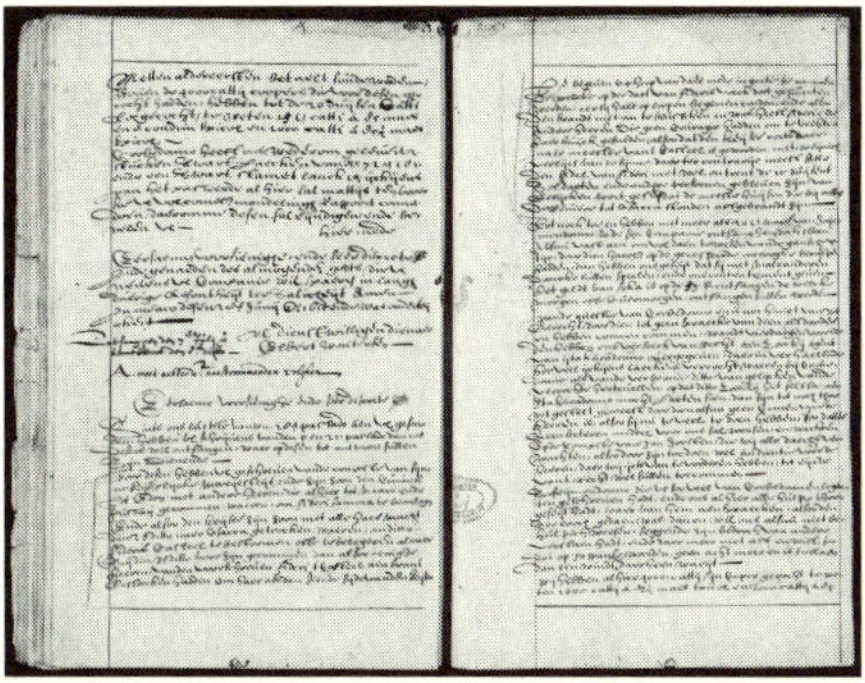

図10　マテイス・テン・ブルッケおよびエルベルト・ワウテルセンより平戸オランダ商館長宛書簡、京都、1615年6月11日付（ハーグ国立文書館所蔵）

し、それによって間もなく大御所様は、自軍における死傷者数が少ないまま城を奪取した。それに対して、秀頼様の家臣のほとんど、および兵士やその他の者約一万人が命を落とした。また、同様に、大坂の川の東側のほとんどの家が全焼したと言われている。

この書簡には落城間際の惨状が書き留められています。『大日本史料』には、豊臣方の料理人が反逆して火を付けたとありますが、この書簡では、火を付けたのが料理人ではなく、「数人の大名」と書かれています。つまり、豊臣方の数人の武将が寝返ったということになる同書簡における記述は、日本側史料にはない新しい情報です。しかしながら、この情報は、ワウテルセンが京都にいた時に、おそらく取引先の商人から伝え聞いたものですので、あくまで当時の噂として記録されたものです。

イエズス会士の見た大坂の陣と家康の悪党イメージ

大坂の陣の経過や終結については、じつは、オランダ人の史料よりもイエズス会士の報告書の方が詳細に書かれています。先に触れたように、イエズス会士は大坂城にも滞在し

図11　大坂城落城図（モンターヌス『東インド会社遣日使節紀行』1669年刊所収、国際日本文化研究センター所蔵）

ていて、落城前に二人が脱出し、助かったことがわかっています。オランダ側史料と違って、これらのイエズス会士の報告書は当時のヨーロッパで刊行されましたので、大坂の陣のことは、同時代のヨーロッパでもよく知られていました。

図11は、一六六九年にオランダで出版された、モンターヌスというオランダの職業作家が著した『東インド会社遣日使節紀行』に所収されている「大坂城落城図」です。大坂城自体の描写は、当時オランダにもたらされた日本の絵図に基づいていると考えられますので、かなり正確です。この絵図は、東インド会社のアムステルダム本部の取締役会の部屋に飾ってあったという記録がありますが、現存していません。ただし、人物や炎上の描写は明らかに想像上のものでしょう。

この『東インド会社遣日使節紀行』の

（右）図12　豊臣秀吉図（クラッソ『著名武将列伝』1683年刊所収、国際日本文化研究センター所蔵）
（左）図13　徳川家康図（クラッソ『著名武将列伝』1683年刊所収、国際日本文化研究センター所蔵）

本文には、大坂の陣の経緯について詳細な解説が掲載されています。それによりますと、家康は本来、「王子」である秀頼を日本の君主にすることを秀吉に対して誓ったにもかかわらず、自分の息子に継がせるためにその誓いを破り、秀頼を殺害することを決心し、秀頼が家康に対して陰謀を企てたので仕方なく討つという大義名分をでっち上げ、大坂城を攻囲し、長い闘いの末、秀頼とその支持者たちが本丸に追い込まれたところ、家康が本丸に火を付けて、秀頼たちは焼死した、とされています。

これは、典拠であるイエズス会士の報告書に載っている説話を忠実に伝えた内容です。このような、秀頼が真の王子で、家康は悪党として描かれているイメージが、近世ヨーロッパにおいて定着していました。

例えば、当時古今東西で活躍した八十人ほどの武将の評伝が列挙されている、クラッソの『著名武将列伝』という著作があります。これは一六八三年にイタリアで刊行されたものです。この著作には日本人として豊臣秀吉と徳川家康の評伝および肖像画が掲載されています。家康の項目では、大坂の陣について詳細に記されています。そこには家康が狡猾に大坂城を手に入れた経緯や、老若男女の別なくおこなわれた「乱取り」や虐殺の様子も記述されています。

大坂の陣とアントワープの虐殺

じつは、こうした大坂の陣における虐殺は、ヨーロッパ人にとっては過去に起こった悲劇を想起させるものでした。大坂の陣は、スペインとオランダとのあいだの八十年戦争の最中に起こり、大坂城落城のほぼ四十年前の一五七六年に、「アントワープの大虐殺」がありました。これはヨーロッパ人の記憶に残っていたはずです。

当時、現在のベルギー北部のアントワープに駐在していたスペインの占領軍は、スペイン国王からの給与が二年分も滞ったことに不満をもち、アントワープで三日間にわたる大略奪行為をおこない、七千人の市民が犠牲となりました。この事件は「アントワープの大

図14　大坂夏の陣図屛風（大阪城天守閣所蔵）

図15　アントワープの大虐殺（アムステルダム王立美術館所蔵）

虐殺」と呼ばれています。

大坂城落城後における徳川軍の大規模な乱取りの様子は、大阪城天守閣が所蔵しています「大坂夏の陣図屏風」（黒田長政《くろだながまさ》が絵師に命じて描かせたもの。黒田屏風とも呼ばれている）に描かれていますが、アムステルダム王立美術館が所蔵している「アントワープの大虐殺」の銅版画に似ているところがあります。

「大坂夏の陣図屏風」の左隻には、大坂城落城にあたって、民衆が天満橋下流の淀川へ押しかけたところ、背後から追って来る徳川軍に襲われ、大混乱が起こっている場面が詳細に描かれています。家財道具を持って逃げる人びと、武士たちに拉致される女性、亡くなった夫の前で呆然とたたずむ妻などの姿が、写実的に描かれています。

また、「アントワープの大虐殺」の銅版画にも、スペイン軍の兵士に追われる市民たちがスヘルデ川に飛び込む大混乱が描かれています。「大坂夏の陣図屏風」は、ピカソの作品「ゲルニカ」との共通点が指摘されることもありますが、歴史的にはむしろこの「アントワープの大虐殺」との共通性について注目すべきだと思います。

新史料の可能性

イエズス会士の史料にも、大坂の陣の乱取りの惨劇について記述されており、その中でも民衆に対する略奪行為や殺害などが特に強調されて、これが西洋における家康の悪い評判に繋がっていました。ただ、オランダ人の書簡においては、庶民が夏の陣前に荷物を担いで、各地へ避難したと書かれていますので、大坂に残っていた人の大半は、豊臣方の牢人たちとその家族であったと考えられます。

現に、冬の陣後の大坂の状況についてのオランダ人の書簡の記録には、豊臣方の牢人たちが庶民の家に住み着いて、庶民が自分の家に戻ることができず困っていたと書かれています。

当時の西洋側史料によると、大坂の人口はおよそ二十万人でした。それに対して、大坂に集まって来た牢人たちは十万人に上っていたとされています。家族を伴って来た牢人も少なくなかったので、冬の陣の後に破壊されず空き家になっていた家の多くが、牢人たちに占拠されたことは想像に難くありません。

すでに触れたように、こうした牢人たちが大坂から退去しなかったことも、家康が夏の陣に乗り出す動機の一つとされています。しかも戦国時代の日本では、乱取りは勝者の権利として公然とおこなわれましたが、当時のヨーロッパでは認められていませんでした。したがって、大坂城落城の際の乱取りに関するイエズス会士の報告は、ヨーロッパにおいて悪党としての家康のイメージを強めました。

不思議なことに、オランダ人の書簡には、このような略奪行為についての言及がありません。むしろ、徳川軍が来ることによって、民衆が安心したという記述の方が見受けられます。豊臣方の牢人たちが乱した社会の秩序を、徳川方が取り戻してくれたというような書き振りなのです。もちろん、オランダ人は、徳川軍に武器供給をおこなったりして、徳川寄りでしたので、家康について肯定的に書いていたのも当然なのかもしれませんが、戦争にはいくつもの側面があり、どちらが正しいという一面的な評価を下すことは歴史学の観点からは外れています。

それでも大坂の陣が、関西の一般民衆にとって大きな試練であったことは、疑いようのない事実だと思います。その実態について、平戸オランダ商館文書など海外の史料を通して新たな光が当たることは、歴史学上、特に民衆史にとって大きな意味があることです。ここで断片的にご紹介した史料は、その意味で情報の宝庫だと思います。今後の研究によって、より多くの成果が得られることを期待しております。

大坂の陣に関する研究は、人間文化研究機構基幹研究プロジェクト「ハーグ国立文書館所蔵平戸オランダ商館文書の調査研究・活用」の成果です。

シンティア・フィアレ氏は、書簡の解読作業に協力し、クレインス桂子氏は原稿の校閲をしました。改めて厚く感謝申し上げます。図版の利用を許可してくれたハーグ国立文書館、国際日本文化研究センター図書館、アムステルダム王立美術館、大阪城天守閣の方々に厚くお礼申し上げます。

第四章　禁門の変——民衆たちの明治維新

磯田道史

石上　つづきまして、磯田さんの発表にうつります。磯田さんは、自ら発掘した古文書などを中心に史料を読み込んで、過去の震災や武士の日常生活を解き明かしています。今日は磯田さんが今年（二〇一七年）見つけた史料を含めて、明治維新についてお話しいただくことになっています。それでは、よろしくお願いいたします。

民衆を主語とする京都の維新史

磯田　二〇一七年は、明治維新百五十年ということで、京都は盛り上がっています。私も、この百五十年にちなんだ催しやテレビ番組などに呼ばれることがあります。しかし、どうもこうした場合、メディアで取り上げられるのは徳川慶喜《とくがわよしのぶ》や西郷隆盛、坂本龍馬といった人物ばかり。つまり大名や志士、あるいは貴顕とされる人物たちの「維新史」ばかりが語られるわけです。

こうした傾向は、私は非常に問題だと思います。京都の住民は置いてけぼり。歴史の舞台であった京都の住民、民衆を主語とした「維新史」が語られることは、ついぞなかった。

どうしたら、京都の民衆を主語とする「維新史」が可能となるか。そのことを論じてみたいと思います。

近代以降、民衆は戦乱に巻き込まれて焼け野原を何度も経験しています。近代の入り口にあって、最初に内戦による焼け野原体験をした大都市は、じつは京都です。もちろん、外国軍に攻撃された鹿児島や下関といった「例外」はありますし、中世の応仁の乱でも京都は焼け野原になっていますが、近代戦における「焼け野原体験」といえば、その嚆《こう》矢《し》は京都なのです。

民衆を主語とした京都の「維新史」を語るには、この「焼け野原体験」に注目しなければなりません。

そこでまず言及したいのは、蛤《はまぐり》御門の変ともいわれる禁門の変です。元治元年（一八六四）七月十九日に起きた出来事です。

過激な攘夷を唱える長州藩は、前年の八月十八日の政変により京都を追放されていました。追い落とした勢力とは、京都守護職を務めていた会津藩主松平容保《まつだいらかたもり》（図1）、禁裏御守衛総督の一橋慶喜、それに彼らと同調する西郷隆盛率いる薩摩藩が中心でした。

長州藩が御所に攻め寄せたのは、彼らを追い落とし、もっとも恨みを抱いていた松平容保の首を取るためです。もしそれが無理でも、御所に火がついて孝明《こうめい》天皇が逃れようとし

図1　松平容保（国立国会図書館蔵）

たら、その鳳輦《ほうれん》を奪い、天皇を自分たちの自由になる「玉」として確保し、国内での戦いを続けようとしたわけです。

考えてみれば無茶な話なんです。このとき、長州勢の中心となっていたのは来島又兵衛《きじままたべえ》、久坂玄瑞《くさかげんずい》といった連中です。当時の長州藩士は、よく扇子に次のような言葉を書いていたらしい。

奉献
　議論より
　実を行へ
　なまけ武士
　国の大事を

余所に
見る馬鹿
皇国草莽臣
南八郎（花押）

南八郎というのは、長州藩士の河上弥市《かわかみやいち》の変名です。河上は文久三年（一八六三）に脱藩して尊王攘夷派の挙兵事件「生野の変《いくのへん》」に参加し、敗れて自刃します。その河上が挙兵をする際、長州藩の誰かが詠んだこの戯れ歌を額に書いて神社に奉納しました。現在もその「奉献額」は、兵庫県朝来市《あさご》の山口護国神社に残っています。

その「戯れ歌」を、長州藩士は扇子に書いて自分を鼓舞していたのでしょう。ほとんど勢いだけで御所に突入していった雰囲気が伝わってきます。政治家や志士は、ときにこうした「勢い」だけで事を起こしてしまいがちですが、問題は、それに巻き込まれた民衆がどのような影響を受けるかということなのです。それはほとんど語られてきませんでした。

この禁門の変のときに出された「かわら版」が残っています。京都市中が描かれていて、赤く着色されているのが、禁門の変での焼失部分です（図2）。これを見ると、京都の

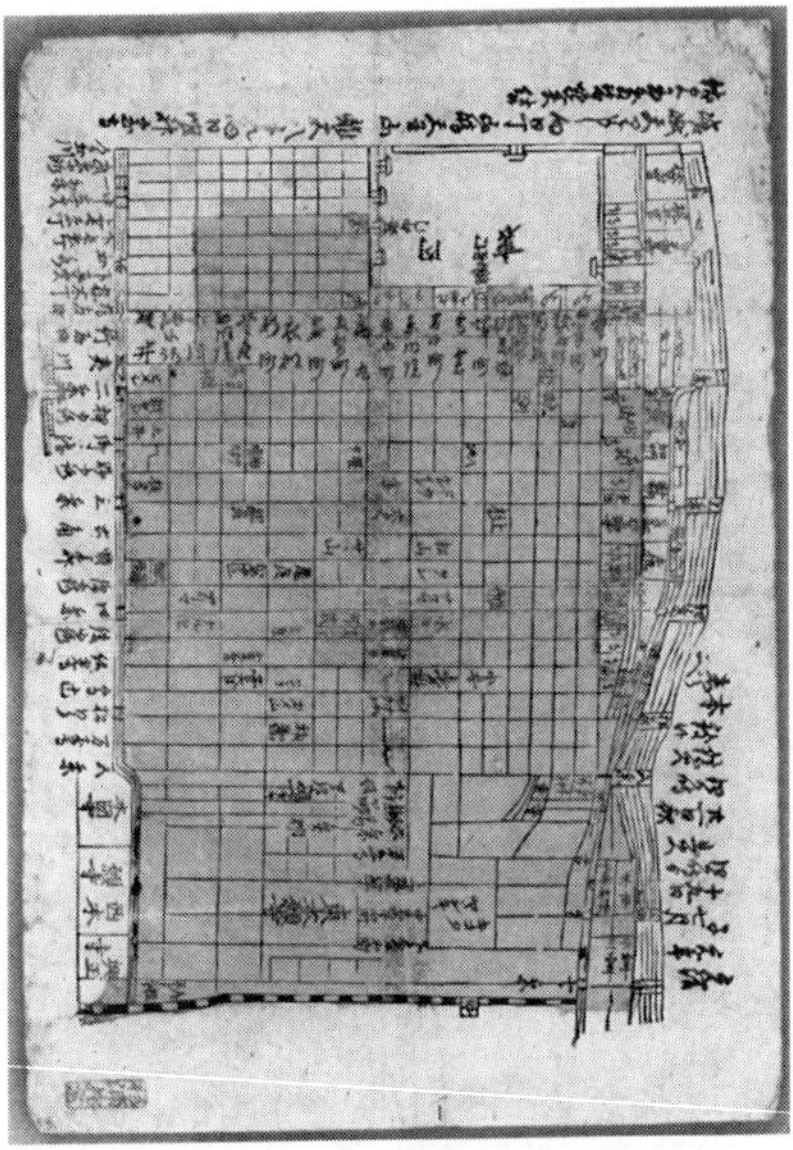

図2　禁門の変の焼失範囲（当時の「かわら版」）

おおむね六割くらいが焼けていると推定できます。

こういった事件を調べるとき、歴史学では同時代史料として日記を非常に重視します。禁門の変について書き記した日記に、『高木在中《たかぎざいちゅう》日記』という史料があります。京都で米商と質屋を営んでいた高木在中という町人の日記で、活字にもなっています。その「元治元年七月十九日条」を見てみましょう。

東は寺町迄《てらまちまで》焼、その音人民泣きさけぶ声、大砲打にて大混雑のしだい、誠に以、天地震動す。

会津の士、大砲壱丁に十人斗《ばかり》つつ付、夫々《それぞれ》え廻り、焼立る。彦根の士、同様焼立廻る。

御所に攻め寄せたのは長州藩ですが、火をつけたのは会津と彦根であると書いてあります。もちろん、それが事実かどうかはわかりません。少なくとも、当時の京都の民衆はそう思っていたということなのです。一次史料の記述だから正しいわけではない。

歴史研究者が同時代史料を重視するのは当然なのですが、同時代の一次史料にこだわりすぎる傾向もあります。一次史料を絶対視し過ぎるということで、私は「同時代病」などと呼んでいます。プロの研究者よりも、それをめざす人やプロの研究者になりたい人にありがちです。一次史料を信仰するあまり、かえって史実を誤認することもあります。

投書から甦る幕末京都

しかし実際には、同じ時代を生きた人の証言であれば、のちにその当時を回想して語った記録の方が同時代史料よりも事実を語っているということもあります。

『京都新聞』は今でもありますが、これは『京都日日新聞』と『京都日出新聞』が戦争中の昭和十七年（一九四二）に報道統制で合併してできた新聞です。その『京都日出新聞』が、明治三十三年（一九〇〇）九月から十月にかけて、「譚淵 甲子《かっし》兵燹《へいせん》」という連載を三十四回にわたっておこないました。これは「あの戦争はなんだったの」という記事で、禁門の変についての回想を京都市民に投書してもらい、掲載するものでした。三十六年前の戦争をふりかえり、京都市民が次々に証言をしたわけです。

非常に読みにくい記事なのですが、じつはこちらの証言の方が、同時代史料よりも迫力がある。その時どうだったのか、何があったのかということを民衆の肉声で伝えていて、真に迫る内容なのです。幕末から明治にかけての京都に関する回想録というと、ほかに『秋の日照』という挿絵付きの史料と、『洛中大火夢物語』という史料があります。これはどちらも『新撰京都叢書』(臨川書店)という史料集に載っています。それと明治二十六年に京都叢書刊行会から刊行された『甲子兵燹図』という、これも絵入りの記録があります。これらの史料と、『京都日出新聞』の連載をもとに、禁門の変という幕末京都の戦争とは何だったのかを、復元してみたいと思います。

開戦前――「稼ぎと見物」

まず最初に紹介するのは「平和ボケ」としか思えない事例です。

応仁の乱では、民衆は荷物を奪われる存在だったでしょう。大坂の陣では、民衆は荷物

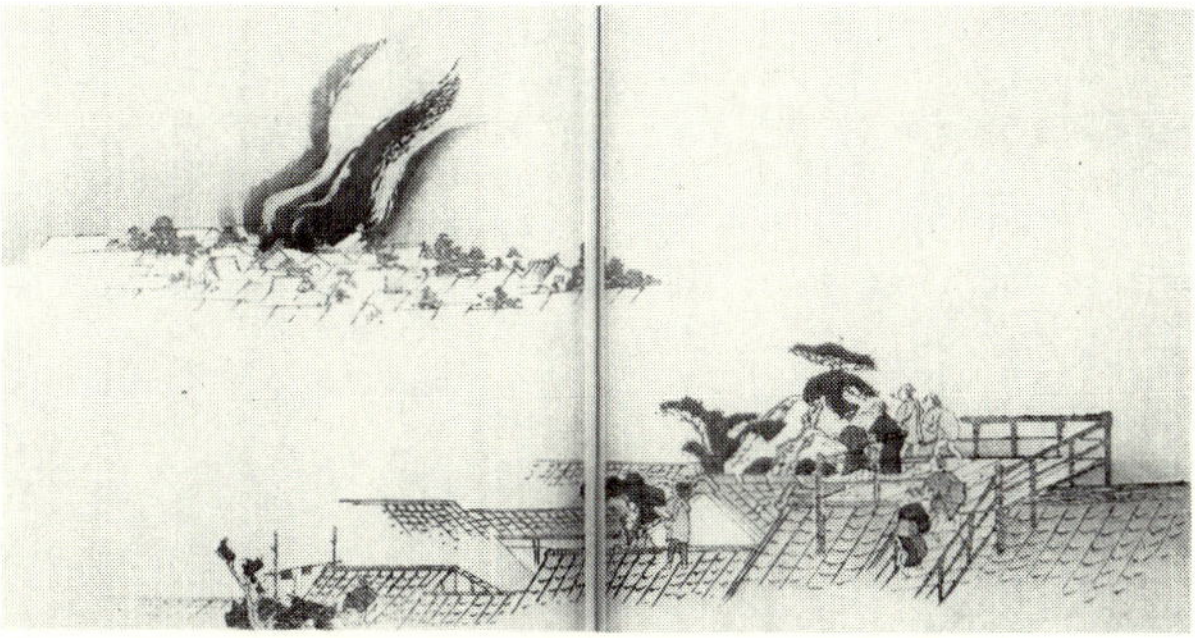

図3　稼ぎと見物（『甲子兵燹図』上より）

を奪われないように持って逃げています。禁門の変ではどうか。

逃げていません（図3）。

禁門の変と、その後に起きた「どんどん焼け」と呼ばれる火災を、当時は「甲子兵乱」と呼んでいますが、このとき次々に天龍寺《てんりゅうじ》にかがり火が焚かれて、長州軍が迫ってきているにもかかわらず、京都府民のなかで、火事になるから荷物を持って逃げようとした人はほとんどなかった。それどころか、合戦は稼ぎと見物の場だったというのです。

元伏見奉行組の、小林小次郎という人の「証言A」を見てください。

其時分、宅へ出入をした金七と云う米搗《こめつき》の爺があった。此の爺が長州屋敷の人夫に雇われていった話に、最初長州屋敷から一両二分という約束で、非常な銭儲であるから、大喜びでいったが、十八日の夕景に、いよいよ出立という間際に、京へゆくのじゃとのことで、びっくりし、逃げだそうとすれば、抜刀で叱り付けられる、余儀もなく墨染まで、籠長持をかついでいった。同じ人夫の中には、大砲をひかされたものもある

金七という米搗きのお爺さんがいた。米搗きというのは、たいがい貧しい人の仕事でした。その金七さんが、長州が攻めてきたので屋敷の人足として雇われた。一両二分をもらう約束だったと。これは現在の金額にすると四十五万円くらいになるでしょう。結構な大金です。銭儲けになるので、大喜びで雇われたのですが、京都に戦争に行くことになったというので、逃げだそうとします。するとお侍に刀を抜いてしかりつけられた。仕方なく荷物を担いで付いて行った。人足の中には大砲を引いていった人もいた、ということです。つまり、この金七さんは何とか生きて帰ったのでしょう。

もう一つ証言をみましょう。「証言B」です。

元治元年七月十九日、あけがたに表戸開けば、何となく物騒がし。予の家は室町通中《なか》

立売《だちうり》（中略）にて、予は当時十五歳なりしなり。室町通中立売の辻に出でゆきたるに、長州勢の一隊は嵯峨天龍寺《てんりゆうじ》より来りて（中略）中立売御門を守護せる筑前藩黒田家の家臣と、御門通行の件にて談判中なり。○其の長州勢は、皆甲冑にて、夫卒は陣笠を被り大砲を引き、小銃を肩にし、凡三四百人（中略）、長州勢は半道譲りて通行せしむ、予はここにおいて戦争にはあらずと推測し、一橋勢の跡より烏丸《からすま》に到れり

この時薩摩勢二百人ばかり、烏丸の南より北へ行かんとす。中立売御門前にありし長州勢はこれを拒み通行せしめず、ついに薩州勢より小銃を発せり、長州勢は一時に西へ走れり、見物人の驚き大方ならず、予はいかにして宅に逃げ帰りしか今なお其の瞬間は思い出すことを得ず、兎もかく家に帰り、表戸を閉じしが、家内残らず我が無事に帰りしを喜びたり、さて小窓よりそとへ窺えば、長藩士騎馬にて、大声に日本国中を敵にも受けようという長兵が、逃げるという卑怯なことがあるものか、返せ返せと号令を下し居たり

これは、町家の少年で、禁裏御所下級官人を兼ねる「富貴生」という人の証言です。当

時十五歳で、蛤御門の近くに家があった。まず最初、彼は戦争にはならないだろうと推測し、一橋勢の後ろに付いて行った。すると薩摩勢二百人ばかりが、いきなりやってきた。薩摩勢と長州勢とが押し問答になりかけると、薩摩勢は躊躇なく小銃を発砲した。するとｰ、見物人がたいへん驚いて逃げ出した。それはそうです。何百年も戦争を見ていないのですから。「これは戦争だ」と驚き、逃げ去った。少年もわけもわからず逃げ帰り、命からがら家に帰りついた。少年が無事に帰ってきたので、家ではみな喜んだと書いています。

もう一つ。これは國分胤光という、当時七歳の少年の「証言C」です。

予は其の時七歳なりしが、共に行く後を眺めいたるに、たまたま北方より来る人、戦争が始まるといえり、子供心にそれは面白しとて、朝飯も忘れ、なお門前に立て見いたるに

小学校一、二年生ほどの幼い子どもが、嬉々として戦争見物に行っているわけです。京都の市民にとっては、戦争は荷物を持って逃げなければならないようなものではなく、「稼ぎと見物」の対象であったことがよくわかります。

記事を掲載した『京都日出新聞』の記者は、次のように表現しています。

何時戦争が起るか知れないから、皆用心をしておった。けれどもこの京都が丸焼けになろうとは、誰も思わないことで、ただ嵯峨や山崎の篝火の勇ましいのを見て、おりおり評判しておったぐらいである

少なくとも戦争が始まるまでは、誰も戦争の現実を知らず、実感していなかった。だから事前に家族・家財の避難もしていなかったのです。

開戦――「戦災発生と避難」

では、いざ戦争が始まるとどうなったか。いうまでもありません。戦災が発生します。先ほどの富貴生の「証言B」をもう一度見てください（図4）。

ただ銃丸の飛行するのみ、予の家にありし老僕梅田弥助は、流丸に当りて左の肘に微傷を受けたり。故に家財を土蔵に運び入れ、男子三人は残りて家を守り、婦女子は皆

図4　戦災発生（『甲子兵燹図』上より）

親族へ避けたり
予らは日西に傾きて火の盛んなるより、何となく心淋しく、戸締りを厳にし裏口より逃れて、千本頭十二坊に一宿す、夜船岡山に登りて、市中の火災を遠見す、其の火勢の猛烈なる、驚に堪えたり

銃弾が飛び交い、十五歳の少年・富貴生の家の召使、弥助が弾に当たって左の肘に怪我をした。そのため、家族はまず家財道具を土蔵に入れる。男は家に残って守り、危険が迫ってはじめて避難する。婦女子はただちに郊外の親類宅に避難させるという行動をとっています。他の証言記録と比較してみても、おそらく当時の京都府民の標準的な行動パターンだったと思います。幕末の京都における、民衆の避難行動の特徴がうかがえる証言です。

もう一つ、國分胤光の「証言C」を見てください。京都の町年寄も、ここまで火事が燃え広がるとは予想していなかったことがわかります。

拙家は東洞院六角下る御射山町にあり（中略）町内の年寄より、各家に告知していわく。御所近辺の家は焼けるも、二条辺にて止まるべければ、狼狽するなかれ、老人子供は他所に避難せしむべし、家財は片付置くべしとなり、よって母は隣家を頼み、其の土蔵へ衣類其の外積込み、他の物を押入に仕舞い、間もなく帰宅するの考えにて、着衣履物もかえって粗末なるを着用し、用意整えたる頃、北方に住する人の家族逃げ来り、私の近辺は大変なりといえり。拙家は女と子供と二人なれば、険をおかして残り留る訳にも行かず、其人に留守を頼み、立退くことに決したり。この時、近辺皆逃仕度する人ばかりにて、門前非常の混雑を極め、砲声間断なく聞え、火焔はますます近づき、烈しゅうなりければ、さてはいよいよ戦争はじまりしかと、はじめて怖ろしくなり、母とともに寝衣一枚宛風呂敷に包み、これを携て午前家を出で西大谷前の、念仏尺を商う家まで逃げ行き、時々様子を気遣い、宮廷にある父は無難なるや、あるいは弾丸に当たりて死せしや問うに術なく町内の年寄りの告知は、「民衆の避難行動の特徴」を押さえています。そのうえで、「御所のあたりは焼けるだろうが、二条のあたりで止まるだろう」と予想していますが、これは希望的観測に過ぎません。実際にはそうはいきませんでした。七歳の國分少年と母親が、なんとか逃げてゆく様子が、非常にリアルに描写されています。

こうした追想は、明治の中頃まではたくさん残されていて、その様子を描いた絵なども、数多く成立しています。おそらくこうした絵画史料は、今後も京都の内外で発見されるだろうと思います。

次に見るのは、魚棚（鮮魚店）を営む高橋正意《しょうい》という人の「証言F」です。

命からがら家族を集めて、加茂川のかわらに逃げたるも多く、千本の野に出づるも夥《おびただ》しく、わずかに戸障子を持出して、ところ選ばず仮の囲いを設け、露宿しての徹夜。病人もあれば子供もあり、俄に産気のつく女もあり、其の悲惨なる混雑は、なかなか筆にも尽し難し避難民がどこに逃げたかが記されています。親類縁者のない者は、東は鴨川河原、西は千本の野が避難先で、野宿していたことがわかります。先ほど紹介した、禁門の変での京都の焼失範囲を描いたかわら版からもおわかりのように、感覚的には、京都市内の大半、上京と鴨東以外は、ほとんどすべて焼けてしまったと言っていい。丸焼けの被害です。にもかかわらず、この時代を描く叙述といえば、坂本龍馬や他所からやってきた志士の活躍ばかり。考えようによっては、京都の人はずいぶん人が良い。それどころではなかったはずなのですが。

この絵（図5）は、鴨川の河原で野宿する避難民の姿を描いたものです。これも「証言」と同じく、のちに記憶をもとに描かれたものですが、おそらく忘れられない光景だったのでしょう。

図5　鴨川で野宿する避難民

放火する会津兵と交渉する民衆

ここで視点を変えて、ではこの大火、火をつけたのは誰なのかを見てみます。

もう一度、当時十五歳の富貴生の「証言B」です。

予の隣家にも一名逃げ入りたりとて、会津勢小銃を向けて追来り、直ちに首級を上げたり。この長兵は、刀剣に七十何番と番号の彫り付けてありて、雇兵なりという。さて昼八つ時頃、残兵の穿鑿《せんさく》も終わりしが、会津藩士五六名来りて、予の家の向側、すなわち今の五番戸の軒に米俵を釣り下げ、火を放たんとせり、もしこの家に放火せられなば、予の家も類焼すること必定なれば、急ぎ隣家の薩摩屋に到り、同家の手代なる大橋小兵衛は、当時町年寄なれば、両人にて薩摩岩下氏〔引用者註：岩下方平《いわしたみちひら》〕へ其事情を告げたるに、快く承諾し、自ら会藩士にかけあい、会薩両士立会にて、町役人付添各戸一々家内を巡見して、潜居せる残兵なきを認めて我が町は火災をまぬがれたり

隣の家に長州の兵が逃げてきて、会津勢が首を取った。そのあと、会津兵が五、六人やってきて隣家の軒に米俵を吊り下げて火を放とうとします。もし放火されてしまったら、自分の家も燃えてしまうと、富貴生はあわてて町年寄の大橋小兵衛を通じて薩摩の岩

下方平に陳情したところ、岩下が会津兵に掛け合ってくれた。おそらく「この家には火ぃ着けんといてあげて」とでも言ってくれたのでしょう。そのおかげで「我が町」は火災を免れたということです。

禁門の変に伴うこの大火災を「鉄砲焼け」とか「どんどん焼け」と言います。よく火をつけたのは会津ではないと主張する方もいますが、この証言で見る限り、明らかに会津が火をつけています。

そして、これは「証言C」です。

如何に長州の兵は猖獗《しょうけつ》を極め、巧みに民家に埋没すと雖《いえど》も、三百有余の家屋を焼尽し去らずとも、他に征討の策やあらん。此挙の重もなるは薩摩会津の兵なりといえり

長州の潜伏ゲリラを恐れて、会津や薩摩が火をつけた。町年寄が彼らと交渉をして、放火を免れた町もあったようですが、たいていのところは焼かれてしまった。これ以後、会津藩の京都市中での評判はいっそう悪化します。当然だと思います。

図6　被災救恤（『甲子兵燹図』下より）

被災救恤の開始

被災者の様子をもう少し見てみます。火災の直後から、彼らを救済しようという動きもありました。これは「証言C」です（図6）。

五条通その界隈に逃来れる人、非常に雑踏し、各家何れも一杯の人となり、坐する所も無きに至れり。群衆の中へ行き渡り兼ねたる握飯の振る舞いを受け、空腹をしのぎ、暮れすぎて人とともに大谷門前の石壇に登り、我が居宅の方角を望めば、一面の火煙にて、丁度この時刻に我が家の町内は焼け尽したるなり

町家が被災者を受け入れたことがわかります。そして、握り飯が配布されています。何らかのかたち

で、被災者を救うセーフティ・ネットが機能していたのでしょう。
つぎは「朱雀野喫茶軒」と称する人物の「証言D」です。

火は二条城近傍の堀川以東を焼き払って、南のほうへ焼け延びていた。見えるものは焼け残った土蔵ばかり

土蔵くらいしか残っていないほど、一面の焼け野原となってしまった。
そして、「深草加村方中遅生」という人物の「証言E」です。

哀れなるかな市中の人民、途方に暮れ、親類縁者を頼みとし（中略）大津、山科、様々に山野に運ぶ人々もあり、加茂の河原へ戸障子にて屋形を営み、しばしここに仮住居

先ほどの絵と一致する光景です。
この人物の証言Eには、具体的な「救恤《きゅうじゅつ》」の様子が記録されていて、薩摩藩が出した

「高札」の内容も引用されています。

御上様より類焼の面々へ米銭をくださる。薩摩州御屋敷よりも施米を賜り、又町々一軒役に玄米五升ずつ。この時祇園社内に施行の髪月代《かみさかやき》あり。縄手四条には味噌汁施行あり。また加州様より握り飯其外所々に冷素麵、枇杷葉湯《びわようとう》、暑気払い、砂糖水、タデ湯等己《おの》が様々に施行をなす

薩摩高札（愛宕郡佐々木八重太郎氏の寄書）

覚

一、米五百俵

右は天龍寺へ長州貯置候処、分捕候に付、兵火の為、類焼難渋の者へ、乍聊《いささかながら》遣候間、明早朝錦小路屋敷へ町々町役共罷出、役の者へ引合受取べきもの也

甲子七月廿三日　薩州

この証言で「御上様」とあるのは幕府のこと。幕府が被災者に米と銭をくれた。薩摩藩

も施米をしています。「加州様」、つまり加賀藩も動いています。夏ということもあり、素麵や枇杷葉湯などを施してくれた。枇杷葉湯とは、ビワの葉や薬草を煎じた汁のことで、暑気あたりや下痢の治療・予防に用いたものです。

高札を見ると、被災後、薩摩は天龍寺に攻めこんで、長州が備蓄していた兵粮米を分捕って、市中に配分していることがわかります。じつに米五百俵。薩摩は会津と一緒に火をつけた張本人なのですが、いったん戦争が終われば、西郷隆盛らが町役人を藩邸によびつけ、米を配布している。人心掌握に余念がなかったのです。

禁門の変後、幕府と加賀藩、薩摩藩が京都での行政的存在感をみせました。特に薩摩はその卓抜した行政能力を見せつけることははなはだしかった。もちろん、会津藩も京都守護職の屋敷米を配ったりしていますが、ここには救恤の記載が見られません。薩摩ほどうまくは立ち回らなかったということですが、この違いは決して無視できないものでした。

火災原因「四つの火元を民衆は認識」

火を放ったのは会津藩と薩摩藩だと指摘しましたが、では京都の民衆はどのように認識していたでしょう。これは魚棚・高橋正意の「証言F」に見ることができます。

①長州藩邸、すなわち留守居これを焼払い退去
②鷹司《たかつかさ》殿、長州藩士裏門其他より入り込み会桑越薩彦の諸藩と戦い（中略）兵火
③蛤御門戦争の際、一橋中納言下知を伝え長州兵潜伏せりとの聞こえある怪しき向きに砲火を打ち込み（中略）延焼
④会桑藩等、一橋中納言下知を得て長兵の潜伏を防がん為め、高位堂上、武家屋敷、社寺の嫌いなく、町家に至るまで、砲火して其火処々より延焼す

長州も、逃げるにあたって屋敷に火を放っていますが、重要なのは、会津藩と桑名藩が、一橋慶喜の指示を受けて手当たり次第に放火したことを、京都府民は正しく認識していることです。そのために、町家はもちろん、公家の邸宅、大名屋敷も焼けてしまい、「一会桑」と呼ばれる一橋家、会津藩、桑名藩は京都の民衆はもちろん、公家や大名の恨みもかってしまったわけです。

会津藩は、浪志士を取り締まったので恨みをかったとしばしば言われますが、これだけの迷惑をかけたわけですので、恨みをかうのも当然と言えば当然なのです。

戦災後「焼け跡の風景、そして物価」

焼け跡となった京都で、何がおこなわれたか。具体的な被害状況はどこまでわかるのか。さらに「証言F」を見てみます。

焼跡の釘拾いということは、ことわざにもいうが如く、瓦礫の中よりわずかに残れる金具の類を掻き集める（中略）焼け出された人々は、皆力も張りもなかりけん、釘拾いする根気もなし。（中略）他より（中略）残土掘りあばくものあれば、さすがに惜しき気もせしが、怒鳴りて追い払うも多かりしなり
盗賊もまた焼後は殊に多く徘徊し、焼けて大方身ひとつとなりたる上に、なお盗難の為に苦しめられしも多かりき
焼後諸道具類の入用は、たちまちに品物の払底を来たし、其の価もまた俄に騰貴し、非常の高価と相成りたり、菱屋某というもの、商機を見るに敏く、大阪に下りて自分営業の外なるあらゆる商品を買い求め来り、大儲けをなし、幾たびも下阪して思わぬ利潤を占め得たり

焼け跡で金具などをかき集める人、盗みを働く人、その被害にあう人がいたのはたやすく想像できます。そして、機を見るに敏で、品不足を見越して大儲けをする人も出てきます。そのあたりの事情は、いまも変わりはないでしょう。

先に、会津藩や桑名藩が恨みをかったと述べましたが、ひとつ感心するのは、彼らも薩摩藩も含め幕末の武士たちは、火はつけるけれども、乱暴を働いたり盗みもどうもしていないことです。それは次の証言でわかります。國分胤光少年の「証言C」です。

炎暑の候臭気紛々、人夫等は各巾を以て鼻口を覆い、死骸は運びたりという。戦死者の中には胴巻に多額の所有金を納めありし由にて、此れらは公然人夫の所得となり、為めに、意外の金儲けを為し、鎮定後は有益の資本に供し、現今新京極において盛んに商業を営みつつある人もあり

これはある意味、民衆のたくましさを語るエピソードでもあります。夏の暑い盛りですから、遺体のものすごい臭気が漂っている。死者の衣服の中には大量の所持金が眠ってい

たのですが、会津も桑名も分捕り、追剝をしていません。誰が獲っていったかというと、遺体を片付ける係の人なのです。彼らの中には、その後、新京極あたりで商売を成功させた人もいるというのです。

戦死者の死骸から金銭を得て、資本をもつというたくましい民衆の姿です。民衆は、戦いが始まる前にも金を稼ぎ、戦争が終わってからもしっかり稼いでいた。そして、京都の人はそれを見逃すことなく、明治中頃までしっかり記憶していたわけです。

さらに「証言C」の続きです。

店に商う人々、一日無能に暮らされず、暫時も早く商売にかかる、木材大工も皆焼後、近在を走り、浪華へ下りて材木を調え、瓦もさらに手廻らねば、わら葺、板屋、屋根はむしろ屋根苫にて葺ば雨もれに、蔵の日さしも俵屋根、焼残りたる土蔵には、大事のものもあるなれば、替る替るに夜の晩、昼は焼場の蠅だらけ、夜は蚊のせめて寝もつかず

一日も無為に過ごすことなく、商売にかかったと。商売を再開するのも、復興に着手す

るのも非常に早かったことがわかります。しかし、実際の災害復興はなかなか進みませんでした（表1）。

『日本史の内幕』（中公新書）という本にも書いたのですが、戊辰戦争中に新政府が目安箱を設けます。私はその目安箱に投函された投書三十四通を古本屋で見つけました。それによると、京都の住宅難を訴えるものが非常に多かった。「鉄砲焼け」の後、家主の明け渡し要求が相次いで、貸家が足りなくなっていた。当時、京都には約四万七千軒の家があったのですが、一軒につき一千文の金——だいたい五万円——を徴収して二千軒の貸家を作らないと、この問題は解決できないとする訴えが目につきます。

これも「証言C」の記述です。

町数	811町	堂上方	18軒
かまど数	27513軒	髪結床	132ヵ所
焼落土蔵	1307ヵ所	諸家御屋敷	51ヵ所
諸橋	41ヵ所	番部屋	562ヵ所
宮門跡	3ヵ所	寺社	253ヵ所
芝居小屋	2ヵ所	非人小屋	1ヵ所

表1　京都市中の被害状況

市中に借家というものは、殆ど皆無の姿となり、家主も我家を焼きたれば、其の普請を先きにし、これすら為し得るもの十中二三に過ぎず、其他は焼けたる儘に空地となし、甚しきは灰掻きさえなさず、瓦礫山となし、金借りて建てるも無きは金貸すもの

無き故なるべく、総て貸借ということは、出来難き模様にて数月を打過ぎたり

ここで語られているのは、維新後の京都の話です。借家がない。家主が自分の家を再建したのも二、三割に過ぎない。空地のまま。なぜ京都は荒れたままだったかというと、金を貸すものがいない。つまり金融システムが破壊されてしまった。だから京都は深刻な住宅不足になったわけです(表2)。

これは『京都日出新聞』の記事ですが、「数月の間のみならず、五七年の後までもなお市中には、焼跡に仮家さえも建てず、其儘《そのまま》に打過したり」とあります。だいたい明治十年くらいまで、こうした状態は続いたようです。焼け跡が放置されていた。

私は、維新後に京都が首都になれなかった理由の一つは、これだと思っています。一八〇〇年ごろ、江戸の人口は武士を入れれば最大で約百三十万くらいと言われています。同じころ、北京は百十万、ロンドンは九十万、パリは五十五万といわれていますので、江戸は当時、世界最大の都市だったわけです。

	火災以前	火災以後	物価上昇率
白米1升	180文	200文	111%
酒1升	250文	280文	112%
大工1日賃金	1朱200文	3朱	200%

銭相場1両＝6500文換算

表2　禁門の変前後の物価変動

一方、大坂は四十万、京都は三十万とされています。その京都の人口が、「鉄砲焼け」を経て、明治四年（一八七一）には二十三万にまで落ち込んでいる状況だった。一方、江戸は旗本が徳川家と一緒に静岡に移住していたので、空き家だらけでした。その空き家を放置して、みすみす税収を失うなどということを、明治政府がするわけがありません。京都は衰退していて家が足りない。家賃も高い。だからこそ、半ば強引に首都を東京に持ってきたのだと、私は思っています。

地震や火事などの災害は、決して過去の出来事ではありません。残念なことではありますが、それを私たちは十分に知ってしまったはずです。この幕末維新期の京都の在り方を見ると、被災時に復興制度——具体的には行政や金融の制度——が事前に整っているかどうかが重要であることがわかります。災害に強い町づくりをすることも、もちろん大事ですが、被災したあと、ただちに復興を進めることができる行政や金融の制度をあらかじめ整えておくことを、私たちは日ごろから行政に求めていくことが、一つの教訓となるのではないでしょうか。

第二部　歴史を見る視点——一般公開座談会

倉本一宏＋呉座勇一＋フレデリック・クレインス
＋磯田道史＋（司会）石上阿希
（二〇一七年一〇月、於：国際日本文化研究センター講堂）

戸籍から読み解く壬申の乱

石上　座談会に入ります前に、倉本さんが、まだ触れられていなかった史料があるとのことで、少しお話を補足していただきたいと思います。

倉本　奈良の正倉院《しょうそういん》に、大宝二年（七〇二）に造られた現存日本最古の戸籍が残されています。最古の全国的な戸籍は天智九年（六七〇）に作られた「庚午年籍《こうごねんじゃく》」で、持統四年（六九〇）にも日本初の法典とされる「飛鳥浄御原令《あすかきよみはらりょう》」にのっとって「庚寅年籍《こういんねんじゃく》」が作られていますが、いずれも現存しません。大宝律令《たいほうりつりょう》に基づき大宝二年に作られた戸籍は、美濃《みの》国（岐阜県）や筑前《ちくぜん》国（福岡県）、豊前《ぶぜん》国（福岡県から大分県）、豊後《ぶんご》国（大分県）などのものが現存しています。

この大宝二年、すなわち七〇二年は、壬申の乱（六七二年）の三十年後、白村江の戦い（六六三年）からは三十九年後ということになります。一九四五年の敗戦から見ると、三十年後は一九七五年、三十九年後は一九八四年です。懐かしく思いだす方も多いかと思います。

美濃国の戸籍（「御野《みの》国戸籍」）には、よく知られているように、四十歳以上の農民で、「一足折」「一支（腕）廃」と書かれている「残疾《ざんしつ》」や「廃疾《はいしつ》」の人が十人、記載されています。これは「足が折れている」「腕が折れている」人びとのことで、おそらく壬申の乱の負傷者が、三十年後まで生き延びて戸籍に載ったのだと考えられています。「盲《もう》」「聾《ろう》」「癲狂《てんきょう》」と記された人にも、壬申の乱の影響による人もいたかもしれません。またこの戸籍には、農民であるにもかかわらず位階を授けられている人も八人、載っています。これもたぶん、壬申の乱に参加した兵士が、その後、冠位をもらい、三十年生き抜いて、戸籍に載ったのだと思います。

古代の戸籍というと、九州のものも結構、残っています。それならば、白村江の戦いで負傷して、その後、三十九年間生き残った人を、九州の戸籍で確認できるのではないか。そう思い、急いで筑前、豊前、豊後の戸籍を調べてみました。しかし、残念ながら白村江の戦いとの直接の関係をうかがわせる人を確認することはできませんでした。白村江の負傷者と思われる人は、この三国の戸籍には載っていないことになります。

なぜ美濃の戸籍には壬申の乱の負傷者が載っているのに、九州の戸籍には白村江の戦いの負傷者は載っていないのか。大宝律令に基づいて造られた戸籍には、かなりの地域差があるとされています。美濃の戸籍は、特に古い作り方をしているので、三十年も前の負傷者を載せたとも考えられますが、おそらくもっとも大きな理由は、三十年と三十九年という、戸籍作成までの期間の違いだと思い至りました。

三十歳だった人が六十歳になるのと、六十九歳になるのとでは、年数の違いはたかだか九年ですが、当時の人の寿命を考え合わせると九年は大きい。おそらくそのあたりを境に、生存率は一気に下がるのではないでしょうか。

もう一つ考えなければいけないのは、怪我をした兵士が故郷に帰れたかどうかです。壬申の乱で美濃の兵が負傷しても、おそらく誰かに手当てをしてもらって美濃に帰りつけたでしょう。しかし、海を渡って白村江をはじめとする朝鮮半島における戦いで負傷した兵士が、無事に九州まで帰りつける確率は、おそらくぐっと低くなる。朝鮮半島で負傷した兵は、おそらく放っておかれたか、売られたか、殺されたかのいずれかでしょう。あるいは、そもそもほとんどの兵が死亡していたので、負傷者が少なかったのかもしれません。

この戸籍から、このようなことが推測されるのです。

これはつい先日、思いついたことなのですが、白村江の戦いと民衆について考えるせっかくの機会ですので、ご披露させていただきました。

歴史を見る「視点」の重要性

石上　ありがとうございます。それでは改めて座談会に移りたいと思います。

いままで「民衆」という視点で、さまざまな時代の戦乱の実態を見てきたわけですが、倉本さんのお話によりますと、古代の民衆は、どちらかというと戦乱に「巻き込まれた」存在、つまり被害者であるという側面が大きかったように思われます。

しかし、その後の皆さんのお話をうかがっておりますと、民衆はただ「やられていた」という存在ではなく、むしろ自分たちが奪う側に回ったり、戦争を機にのし上がっていこうとする、たくましい存在としての民衆の姿が見えてきたかと思います。そうした民衆のさまざまな姿を浮き上がらせるには、やはり複数の史料を用いて多角的に見てゆくという姿勢が大切になってくるのだと思います。

磯田さんのお話の最後に、明治初期に設置された「目安箱」のお話があったかと思います。あれは京都に最初に設置され、そのあと東京に設けられたものだそうです。となると、そこに残されているのは、京都や東京といった当時の中心的都市の人びとの声なのだと言えると思います。つまり、誰が語っているのかを考えにいれることで、それが時代の何を、どのような事実を語っているのかが見えてくる。この「誰が語っているのか」という語り手の問題について、磯田さんはどのようにお考えでしょうか。

磯田　歴史を語るうえで、「誰が○○をした」、言い換えれば誰の視点かという「主語の問題」は、きわめて重要だと思います。たとえば、日本について語ると言っても、その人が北海道のアイヌの人たちなのか、それとも沖縄の人たちなのかではまるで違うわけです。視点をどこにおいて時代状況を見るかは、とても大事だと思います。

私が不思議でならないのは、たとえば新選組の視点に立って京都の幕末を見る人はきわめて多いのに、先ほどご紹介したような、夏の暑い盛りに腐った死体をひっくり返してお金を集め、新京極にお店を出した男の視点というのは、一切ない（笑）。しかし、彼にとってはそれこそが「維新史」なんですよ。

もちろん、史料の制約というのはあります。とくに古代ではそうだと思います。歴史を多角的に見るというのはとても大事なのですが、史料が限られている場合は、その視点から歴史を復元するのは非常に難しい。しかし、今日の倉本さん、呉座さん、クレインスさんのお話をお聞きすると、皆さんさまざまに工夫をなさって民衆と戦乱について考えておいでで、やはり史料の残存状況に難があっても、工夫次第で歴史を多角的に描くというのは可能なのだと、実感いたしました。

石上　史料が限られていると考えられてきた古代・中世についても、これまであまり注目されてこなかった史料を用いることで、新たに見えてくることがあるということは、今日のお話をうかがっていてよくわかりました。

クレインスさんは、オランダ人の商人、あるいはキリスト教宣教師といった人たちの史料に注目することで、彼らの視点から見た、近世初頭の大坂の陣に関係する新たな史実をご紹介いただきましたが、歴史を見る「視点」についてはどうお考えでしょうか。

クレインス　日本側の史料にも、もちろん民衆のことが出てこないわけではありません。しかし、どうしても武将の武勇伝に偏っています。したがって、歴史を見る視点が、彼らの側からの視点に集中してしまった結果、一般民衆はどう生きていたのかが、なかなか見えてきません。それに対して、オランダ人の史料は視点がまったく異なります。彼らは自分の商売の相手から得た情報や、実際に自分が大坂に行って目にした破壊された大坂の状況などを書き留めています。それは、大坂の陣を戦った武将たちとは違う視点と言えるでしょう。

もちろん、それも彼らの視点から見た歴史の側面の一つにすぎないのも事実です。したがって、日本側の史料に、こうしたオランダ人たちの残した史料を突き合わせることで、磯田さんがおっしゃったような複眼的な視点から、歴史を描き得るのではないでしょうか。それは立体的な歴史像と言ってもいいかもしれません。

石上　クレインスさんにご紹介いただいた資料のなかには、大坂の陣を描いた絵画資料もあったと思います。あれは商人たちが描いたものなのでしょうか。

クレインス　あの絵はもともとは日本人の絵師が描いたものでした。オランダ商館がそれを日本で入手して、東インド会社のアムステルダム本部に送り、当時東インド会社の取締役会の部屋に飾ってあったようです。その絵は、当時オランダでオランダ人の絵師によって模写されており、最終的にモンターヌスの著書の図版にも利用されたようです。原本は、残念ながら現存していません。東インド会社の顧客には王侯貴族のような階層の人たちが多いのですが、彼らはエキゾチックなものを欲しがるので、東インド会社がそのような王侯貴族に販売したのかもしれません。一般民衆には手に入らない、かなり高価なものがヨーロッパに流出していました。

女性の被害はどう扱われているのか

石上　中世においては、たとえば室町時代、応仁の乱の時代の民衆の動きを追う場合、どういった史料があり、どのような視点で見ることが可能なのでしょうか。

呉座　この時代の民衆の様子をうかがわせる史料を探すとなると、かなり難しいものがあります。史料が相当に限られてしまいます。同時代の文書は、たとえばお寺などに残っているものが一番多いのですが、どうしても支配者側の視点からみたものになりがちです。もちろん惣村の史料などもあることはあるのですが、応仁の乱の被害がどれくらいだったかを考えようとすると、参考になるのは公家やお坊さんの日記などが主となります。磯田さんのご発表にあったような、ほんとうに被害にあった人たちの肉声が伝わるような史料があればいいのですが、中世という時代では、それはかなり難しいですね。

石上　今回のみなさんのご発表では、限られた史料のなかから、民衆の声、あるいは実態を拾い出していただいたわけですが、それでもなかなか見えてこないものもあるかと思います。たとえば、戦乱の中に置かれた女性はどのような状況にあったのか。そこで何を考えていたのかなどを理解するのは、やはりきわめて難しいものでしょうか。

呉座　そうですね。女性となると、さらに難しい（笑）。戦乱の話からすこしズレてしまいますが、ユネスコ世界記憶遺産に登録された東寺百合文書《とうじひゃくごうもんじょ》という有名な史料がありまず。京都の東寺に伝えられた日本中世の古文書で、現在は京都府立京都学・歴彩館が所蔵しています。約二万五千通にも及ぶ膨大な量の古文書群なのですが、そのなかにある代官の話が出てきます。その代官は現地の百姓に殺されてしまうのですが、おそらくはその愛人、現地妻のような存在だった「たまがき」という名の女性が、亡くなった代官が着ていた服を形見としていただきたいと東寺に手紙を出しています。その手紙の現物が今も残っていますが、「かように御なり候事、御いたわしさ、なかなか申すばかりなく候」と、愛する者を突然奪われた悲しさを率直に綴っています。この時代の女性、しかも百姓身分の女性の心情を伝える史料としてたいへん貴重です。しかし、戦乱のなかの女性となりますと、すぐに思い浮かぶ史料は少ないですね。「高幡不動胎内文書《たかはたふどうたいないもんじょ》」という史料は、南北朝時代に遠征に赴いた山内経之《やまのうちつねゆき》という武士が留守宅の妻子に送った手紙などから構成されていて、経之は妻子の生活について非常に心配しています。妻の方もおそらく夫の経之が側にいなくて不安だったでしょうし、戦場に向かった夫の身を案じていたことでしょう。

倉本　古代で言いますと、正史である六国史《りっこくし》をはじめ、正式な史料は五位以上の貴族しか記載しません。したがって、下級官人以下の実態というのは、非常にわかりづらい。平安時代中期以降になりますと、古記録と呼ばれる日記の類がたくさん書かれるようになります。そこにはある程度、民衆の姿も出てきます。私はこうした古記録を長く読んできましたので、少しはこの時代の民衆についてもわかるようになってきました。

ところがご存じのように、平安時代というのはほとんど戦乱のない平安な時代でありま
す。したがって、戦乱のなかで民衆がどうしていたかとなりますと、やはり史料は限られ
てきてしまうんです。そこで、もっと古い時代に目を向けますと、いわゆる「魏志倭人
伝」、すなわち『三国志』の「魏《ぎ》書東夷《しょとうい》伝倭人条《でんわじんじょう》」が、古代の女性について論じる際によ
く使われます。ここには、庶民の男でも二、三人の妻を持ち、身分の高い人間になると
四、五人の妻を持つという実態が描かれています。なぜそういうことができるのだろうと
いう疑問から、さまざまな議論がなされてきました。この時代、「倭国乱」あるいは「倭
国大乱」と呼ばれる大戦乱があったとされています。この戦乱で多くの男が戦死してしま
ったため、一人の男が困った何人もの女性を養う必要が生じたのだと論じる研究もありま
す。ただし、私はこの説は間違いだと考えています。一人の男が何人もの女性と付き合
い、同じく一人の女性が何人もの男と付き合っているので、中国的な視点から見ると、結
果としてこういう表現になったのだと、私は思っています。

それはともかく（笑）、こうした史料、また史料の見方が古代にはあるということです。

磯田　民衆が、とくに女性が戦乱のなかでどうあったのかを伝える前近代の史料という
と、もっとも心に残ったのは『おあむ物語』というものです。石田《いしだ》三成《みつなり》の家臣山田《やまだ》去暦《きよれき》の

娘が、少女時代に体験した関ケ原の戦いの頃の様子を、後年、老女の尼さんとなったときに子どもたちに語った話を聞き書きでまとめた史料です。

「おあむ」の父山田去暦は大垣城を守っていたのですが、やがて敵方に包囲され、落城します。「おあむ」たちは命からがら城を脱出しますが、このとき、「おあむ」の母親は身重だった。身重の母親を抱えて、「おあむ」たちは石垣を越え、「たらい」に乗って堀を渡り、途中、母親が子どもを出産したりしながらも、なんとか城を脱出する。すごい母親です。父親も腕っぷしの強い男で、身重の妻を肩に担いで逃げてゆく。じつにたくましい武士です。戦乱と女性という視点でいうと、こんな凄まじい記録も、少しは残っているということなのです。

戦時下の略奪、虐殺

石上　他の方の発表をお聞きになってのコメントなどございましたら。倉本さんいかがでしょうか。

倉本　他の時代の発表を聞いていると、史料がたくさんあっていいなあと（笑）、正直、思いますね。しかし、史料がたくさんあってたいへんだな、とも思います。私は大学に入った当時は中世史をやるつもりだったのですが、中世史の教養ゼミがいっぱいで入れなかったんです。で、古代史は席に余裕があったので古代史に進み、そのまま現在に至ってしまった次第でして。

少ない史料で歴史像を構築するというのは、とてつもなく難しいのですが、見方を変えれば、限られた史料を基に語るしかないので、誰でもできてしまうわけでもあります。史料というのは、なぜ書かれたのか、どのように書かれたのか、誰がどういう視点・発想で書いたのかを常に考えなければいけない。日記などは書き手のその日の気分や体調などにずいぶん影響されるでしょうから、そういったことにも目配りしなければならないわけです。それだけ難しい史料を、あれだけ膨大に扱う磯田さんはスゴイものだと、つくづく思います。普段、尊敬の念を表する機会はめったにないもので、この場をお借りして申し上げます（笑）。

呉座　今日の皆さんのお話をお聞きしていて、戦時下における「略奪」や「放火」といった行為についての関心が、共通していたように思います。倉本さんのご発表では、白村江の戦いでは、「乱取り」のようなことはなかったのではないか、というお話があったかと思います。そうすると、戦時における略奪のような行為は、日本史ではどのあたりから史料に現れるのかが気になりました。

倉本　平安時代の末には、そうした記述が見えます。平安時代中期の平将門《たいらのまさかど》の乱のときも、将門がいったん負けた時、その妻子が乱暴されたという記述が『将門記《しょうもんき》』に出てきます。いわゆる前九年の役を描いた『陸奥話記《むつわき》』にも、似たような記述があります。これらはいずれも地方の戦乱を描いた軍記・説話文学です。平安時代には、都を舞台とする戦乱はありませんが、こうした地方の戦乱については、民衆の動きをうかがえるものが指摘できます。

説話や歴史物語の中には次のような記述もあります。奈良時代の権力者として知られる藤原仲麻呂《ふじわらのなかまろ》の次女である藤原東子《とうし》は、美女として有名でした。あるとき、唐から渡ってきた有名な僧の鑑真《がんじん》がこの娘を見て、「千人の男と姦淫《かんいん》に及ぶことになるだろう」と予言します。当然、仲麻呂は激怒しました。しかしその後、仲麻呂は孝謙《こうけん》上皇や道鏡《どうきょう》と対立し、七六四年に「恵美押勝《えみのおしかつ》の乱」を起こして近江国高島郡で討伐されます。このとき、仲麻呂の娘は敵方の軍勢に凌辱されます。その人数は千人に及び、鑑真の予言は的中してしまったわけです。ただし、この話が記載されている『水鏡《みずかがみ》』という物語は、仲麻呂の乱から四百年以上も後の中世に書かれたものですので、中世的な発想で書かれていて、奈良時代の戦乱と女性の実態を正しく反映しているわけではないと思います。

同じく奈良時代の政変として知られる長屋王《ながやおう》の変のときは、女性がひどい目に遭ったという話は残っていません。さらにさかのぼって飛鳥時代、聖徳太子の子である山背大兄王《やましろのおおえ》が一族もろとも蘇我入鹿《そがのいるか》に滅ぼされたときも、そうした話は伝わっていません。おそらく関東や地方の人はどうか知りませんが、古代の畿内の人は、そんな悪いことはしなかったのでしょう（笑）。

もう一つ。先ほどの発表の際、錦江の写真をお見せしましたが、そこに映っていた岩山は扶余の扶蘇山城《ふそさんじょう》の端に位置する落花岩《らっかがん》と言います。扶蘇山城には百済の離宮が置かれていて、唐軍に追いつめられた百済の宮廷女官たちは、乱暴されるのを避けるためにここから身を投げたと言われています。その落ちる様が、まるで花が落ちるようだったので、落花岩と呼ばれるようになったと現地のガイドは必ず紹介しています。

ただし、この話が記録されている史料は、正史の『三国史記』ではなく、説話集の『三《さん》国遺事《ごくいじ》』なんです。しかも、そこには「ほんとうかどうかわからない」と書いてある（笑）。たぶん、これは事実ではないでしょう。

いずれにせよ、戦乱の中で女性が乱暴され、それが記録されるという事態は、少なくとも古代日本の中央ではまず考えられないんじゃないかと思います。

呉座　源平合戦のとき、壇ノ浦の戦いで平家方の女性が海に身を投げたのは、源氏方の武士に乱暴されないようにするためだったという話がありますが、それはまさに中世です。戦乱において女性がひどい目にあったことが記録されるのは、やはりその頃からなのかもしれませんね。

時代とともに変化する戦乱と民衆

クレインス　磯田さんのご発表では、幕末の京都の戦乱で、民衆は逃げもしなかったという様子をご紹介になっていました。では、応仁の乱のときはどうだったのでしょう。応仁の乱のときも京都は焼け野原になり、さらに西軍と東軍が西陣、東陣として陣を布いて居座っていました。となると、民衆は居場所がなくなってしまったのではないかと思うのですが。

呉座　民衆がどうしていたかは、非常に難しいですね。貴族などの場合、戦乱を避けて郊外に疎開していたり、貴重品をよそに預けたりしたことなどが史料からわかるのですが、民衆がどこに逃げていたかはなかなか見えてこない。もう少し後の時代、戦国時代になってくると少し見えてきます。戦争が起こりそうになると、民衆がお寺などに食糧や家財道具などを預ける様子が記録されています。もちろん、略奪から逃れるためです。戦国時代になると、すでにそうした行為が習俗と化しているように思います。先ほど報告で述べましたように、応仁の乱の際、京都周辺の民衆は足軽となって「略奪する側」に回ることもありましたが、京都の住民となると、その実態がわかる史料は少ないと思います。

磯田　元亀四年（一五七三）四月に、織田信長《おだのぶなが》は京都で上京焼き討ちをしています。信長に反抗的な上京の富裕な町衆に対し、信長は上京を焼き払うと脅します。すると上京の町衆は「金を出すから助けてくれ」と懇願しますが、結局、信長は上京だけは許さずに火を放ってしまう。そのとき、上京の民衆がどこに避難したかというと、御所の門を叩いて中に入れてもらおうとします。驚くべきことに、当時の正親町《おおぎまち》天皇はこれを許しまして、民衆は御所の敷地内にテントを張って籠《こ》もります。このとき、上京に火を放てば風向きの関係で御所も類焼してしまうと、信長に進言した人もいたようですが、信長は躊躇なく火を放ち、御所も焼けてしまいました。

こういう、戦乱がなかば恒常化した時代を生きていた民衆は、戦争になりそうだとなれば、荷物をまとめて逃げだしていた。しかし、ご紹介したように、幕末の京都の民衆は逃げていません。もう一つ、幕末になると、戦いに参加する立派な武士たちは、少なくとも内戦に関しては暴行と略奪をしていないわけです。どこかで時代が切り替わっているんです。民衆が逃げなくなり、武士たちが略奪と暴行をしなくなる「境目」はいったいいつなのだろうか。

どうも一六五〇年くらいに、時代の境目があったのではないかと私は思っています。カギとなるのは、その少し前の寛永十四年（一六三七）から十五年にかけて起きた島原《しまばら》の乱です。最近は島原・天草《あまくさ》の乱と呼ぶようですが、これが日本史上、武士たちが万人単位で民衆の大虐殺をした最後の事例です。それ以後は、一揆鎮圧などで、それ以前であれば当然のごとく民衆を皆殺しにしていたような場合も、むやみに虐殺したりはしていません。

そう考えると、どうも一六五〇年ごろから、それまでとは違うシステムで日本社会は動き始めたのではないかという気がしています。

倉本　それが、近代になってまた復活したということでしょうか。

磯田　どうでしょう。近代以降、たとえば関東大震災の時、自警団や治安部隊の朝鮮人虐殺・中国大陸での問題が論じられますが、これは民族意識がかかわり別に考える必要があるかもしれません。近代以後、国内の、同じ民族に対する治安出動と虐殺が、はたして日本においては消えたか消えないのか。武力・軍事力といった強制力が、自民族自国民に対してどのように向けられるのか、研究中です。

例えばヨーロッパの例で言えば、アントワープの大虐殺と呼ばれる出来事があります。一五七六年、ピレネー山脈を越えたスペインの兵が当時、オランダのアントワープに攻め入り、三日間にわたり略奪・暴行をおこない、七千人の住民を虐殺したという事件です。ヨーロッパでは、このような隣国でおこなわれる虐殺は、いつ頃なくなるのでしょうか。

クレインス　アントワープの大虐殺は、かなり特異な例だと思います。中世ヨーロッパでは、だいたい戦争は軍隊や貴族がおこなうものであって、「乱取り」のようなことはあまり起きていません。アントワープの大虐殺の場合、攻め込んだスペイン兵の大半は傭兵だったのですが、給料が払われていないことに怒り、「乱取り」に及んだとされています。このときアントワープの市民たちは自分たちを守るためにドイツ人の傭兵を立てていました。ところがスペイン兵が略奪を始めると、このドイツ人の傭兵たちも一緒になって略奪を始めてしまいました。その結果が七千人の虐殺となったわけです。

大坂の陣について補足しますと、一般民衆はとても身軽に動いていました。しょっちゅう逃げています。冬の陣、夏の陣と二度にわたって逃げ出しています。そして大坂に戻ってくると、もう住む家はなくなっています。焼けてしまったか、あるいは元の家には牢人たちが住み着いてしまっているか。それでしかたなく避難先に戻る人もいたと思います。

統計への関心

磯田 もう一つ気になるのは、災害や戦乱によって人びとが被害を受けたとき、何人死んだ、何軒焼けたという数量的な関心が記録からうかがえる場合がありますが、それは時代によって違う。関心が高い時期もあれば低い時期もあるのではないか。つまり、時代によって波があると思うのです。古代においてはどうでしょう。

倉本 それはたしかに違います。古代の場合、敵を何人倒したかということに重きを置いている時期と、敵の兵器をどれだけ奪ったかという点に関心が寄せられる時期がある。律令制が浸透している時代は、奪った兵器の数が問題となっていて、敵を何人殺したのかはどうでもいい。そもそも計算しない。平安時代中期になると、たとえば新羅からやってきた海賊と戦ったという記録があるのですが、敵を何人殺したかが問題となっています。刀《と》伊《い》の入寇の場合もそうで、その意識は中世にまで引き継がれていると思います。そこには、何らかの意識の変化があったのでしょう。

磯田　今回、クレインスさんのご報告で、一万五千軒の民家が被害を受けたという事実が、オランダ側の史料には出てくるけれど、日本国内の史料には出てこない、という話があったかと思います。これは大きな成果だと思いますが、見方を変えると、記録に残さなかったということは、日本国内では民家が何軒焼けようと知ったことではなかった。そんなことはどうでもよいという土壌があったからではないか。

ところが私が報告した幕末の戦乱の場合、江戸時代の記録では、焼けた家を一軒一軒数えている。私の報告で使用した、「京都市中の被害状況」をまとめた表をもう一度見てください（一一〇ページ）。「かまど数」で二万七千五百十三軒と、最後の一軒まで勘定しているわけです。つまり、民衆被害について関心を持つ社会になっている。これは「成熟」ととらえてよいのではないでしょうか。「髪結床」が百三十二ヵ所焼けたなんて、たいへんな調査ですよ。おそらく髪結いが不足して、床屋の値段も賃金も高くなっただろうと推測もできる。こういう記録に対するインタレストの問題は、非常に重要だと思います。

もしかすると、中世においては町がどれくらい焼けた、何軒焼けたかなどには関心がなかったのではないか。

呉座　記録に残るのは「場所」だけですね。北はどこまで、南はどこまで焼けたという範囲を示すだけです。あとは有名なお寺が焼けたとかいった記述はありますが、どれだけの家が焼けたとか、どれだけの民衆が死んだといったことに、基本的に注意は向けられていないと思います。戦国時代になると、二万軒焼けたとか四万軒焼けたとかいう記述が京都の公家の日記に出てきたりしますが、誰かがちゃんと数えたわけではなく、こんなものだろうという概算だと思います。

磯田　幕末の京都では、なぜここまで被害の実態がわかるかと言えば、京都町奉行所が、町組や町年寄を通じて得た情報をもとに被害をただちに書き上げるシステムが、江戸時代を通じて出来上がっていたからです。それに対して、室町幕府は、京都の町方の被害をつねに把握したり、統計的な関心を持つような政府ではなかったということでしょう。

呉座　それはまったくと言っていいほど、ありません。

倉本　戦乱ではありませんが、平安時代の京都でも火事はたくさんありました。そういった場合、この道からこの道まで焼けた、何町焼けたという面積に触れる記事もありますす。ときどきですが「小家」が何十軒焼けたという記録もありますので、平安時代の京都の支配者にはそういう意識はあったようです。

当時、民家が集中している場所と言っても、平安京くらいしかないでしょうから、中央集権的な権力が機能している時代には、民衆にまで目配りは届いていたのではないでしょうか。やがて権力が分散して、室町時代のように強大な権力が存在しなくなると、民衆への関心というのは、いやでも下がってくるのだと思います。そして江戸時代になると、幕藩体制という分権的な権力構造が登場するわけですが、地域ごと、あるいは町ごとに見れば、強力な権力が整備された政治機構を持って支配を行き届かせるようになってくる。その結果、社会の末端にいたるまでの関心が高まってくる。そういう流れなのではないでしょうか。

磯田　民衆の視点で戦争をどう考えるかという、今回の趣旨に立ち返りますと、いろいろと思うところがあります。たとえば、北朝鮮の核問題が話題になったときに、これがヨーロッパであれば、何かがあったときのために国民一人ひとりにガスマスクを国が用意して配るというようなことを考えると思うんです。日本ではどうか。北朝鮮のミサイルを打ち落とせるかどうか定かではないミサイル防衛システムに税金はつぎ込みますが、一人ひとりにガスマスクを配ろうなどという発想は、この国は持っていない国家なのではないか。今日のお話を聞いていて、そんなことを感じました。どれくらい民の被害に対して国家が気を配り、そこに立脚して政治をおこなうかという視点は、歴史的にも、今日的な意味でも意外に重要なことのように感じます。

石上　民衆の姿がどのように見えてくるか。それによってその時代がどんな時代であるかが見えてくるということかと思います。私たちは残された史料を通じて、それを知ることができますが、史料は時代とともに失われていきます。倉本さんがご指摘になったように、史料だけでなく、歴史の舞台となった現場そのものが失われてしまうということもあるわけです。そういった状況で、歴史を想うために何をしなければいけないのかということも、私たちが考えるべきことなのではないかと思います。

最後におひとりずつ、今現在、民衆という視点から戦乱をふりかえることの意義について、お話しいただきたいと思います。

人間は過ちをくりかえす

倉本　歴史を学ぶ意味などと言うと、よく「歴史に学ぶ会社経営術」みたいな物言いを見かけます。私はそういったものはまったく信用していません（笑）。歴史学なんてものは基本的に信用できない。信用できるならば、人はこんなに愚かなわけがない。日本でいうと、二千年も歴史をずっとくりかえしてきて、それでも同じ過ちを重ねてきた。そしてこれからも過ちをくりかえすに違いない。近代だけ見ても、十年おきくらいに同じ失敗をくりかえしている。となると、歴史から学ぶ教訓がもしあるとするならば、人は歴史から学ばないということ、そして人は同じ過ちを何度でもくりかえすということではないかと思います。それは国家においてもそうだし、個々人においてもそうでしょう。

ただし、その教訓を知っているかどうかは、決して小さな問題ではありません。人は愚かな過ちをくりかえすものだということを知らずに、ただ過ちをくりかえす人もいる。それよりは、歴史を通じてその事実を学んだ方がまだましです。そう思って歴史を学んできました。

私の師匠の土田直鎮という人の口癖は、「わからないものは、わからない」というものでした。これは大事な指摘だと思います。私たちはさまざまな史料を読み込んで、さまざまな視点から分析しますが、それはつまり、「ここまではわかる」「ここからはわからない」という線引きをすることなのです。それが歴史家の仕事なのではないか。「わからないこと」を無理やりわかったことにするのは、もはや学問ではありません。そうなると、民衆がどう戦乱に対応するかといったことを考える場合も、わからないことはありません。だからこそ、学び、多角的に考えるわけです。

日本人の悪い癖だと思いますが、現代の日本を知るためには、近代以降の歴史だけ見ていればよいという風潮があります。しかし、それはあまりに視野が狭い。民衆と戦乱の関係ひとつ見ても、わからないことだらけです。古代も中世も近世も、あらゆる時代を通じて日本人がいかに戦乱に対応してきたかを意識することで、はじめて現代の意味がわかる。私はそう思っています。

英雄たちの戦いだけでは視野が狭い

呉座 日本史が好きだという方はずいぶんいらっしゃると思いますが、そういった方々が何を好むのかと言えば、基本的には英雄の物語だと思います。英雄が知略の限りを尽くして戦う、血沸き肉躍る物語、それが一番人気のあるところでしょう。NHKの大河ドラマなどでも、だいたい取り上げられるのは戦国時代や幕末で、そこでは武士たちの攻防が描かれる。歴史を娯楽として楽しむ分には、それでもかまわないでしょう。なにも目くじらを立てることもない。しかし、歴史から何か学ぼうと本気で考えるならば、英雄たちの戦いに目を向けるだけでは、視野が狭い。

今日のお話でいえば、白村江の戦いは負け戦ですので、大河ドラマにしてもあまり盛り上がらないとは思いますが（笑）、クレインスさんの話された大坂の陣も、磯田さんが取り上げられた禁門の変にしても、歴史小説で非常に人気のある題材です。大河ドラマでも頻繁に描かれる戦乱です。しかし、今日の先生方のお話にあったような「民衆の被害」については、初めて聞いたという方も多いのではないでしょうか。英雄が活躍する背後には、実際にはこうした被害や犠牲もあったわけです。ですから、単純に英雄の物語としての歴史を楽しむだけでなく、こうした歴史の「負の側面」にも目を向けないと、歴史からほんとうの意味で何かを学ぶということは難しいのではないかと思います。

歴史学は始まったばかり

クレインス　三人の方のお話をうかがって、とても面白かったです。一般民衆の動きを追うということが非常に難しいということもわかりましたが、白村江の戦いに一般の農民が動員されていたことも、まったく知りませんでした。戦いはなんとなく武士たちがやるものだと思っていましたから。

倉本　武士は、まだこの時代にはいませんね（笑）。

クレインス　そうですね。最近、歴史学はすでに終わっているといった言説がよく見られます。歴史的な事実はほとんどすべて確定していて、歴史家のすることはもうないとも言われます。しかし、今日のお話をお聞きしていて、とんでもない、歴史学はまだ始まったばかりだとさえ感じました。視点を一般民衆に向け、民衆の視点から見ることによって、これまでの歴史像とは全然違う歴史が描けるのではないか。やはり民衆の視点から見れば、戦争の恐ろしさや愚かさが際立ちます。それは私たちが歴史から得る教訓にもつながると思います。

鉄砲焼けの後で

磯田　今日の発表では、私が取り上げた時代が一番史料には恵まれていると思います。それでも残された謎はありますし、どうしても真実に迫ることができなかったことがいくつかあります。鉄砲焼けで京都は火の海になりました。そうすると、失業者があふれます。明治の初めから半ばにかけての京都の史料をみていくと、かなりの町家の女子が「町ねこ」と言われて芸者さんになってゆく話などが出てきます。このあたりについては、まだあまり調べがついていませんが、戦乱の後、失業者があふれるような状況では、当然、考えられる事態です。戦乱と女性の身のふり方は、歴史学が取り組むべきテーマですが、残念ながら、鉄砲焼けを切り口としてこの問題に取り組むにはまだ至っていません。

もう一つ。これだけ焼け野原になると、大量に発生した失業者は、基本的には準公務員として雇われるしかない。そこで、京都守護職の会津藩主松平容保は、京都市中の警備や人夫役のために大量に人を雇った。その口入れ屋として活動したのが、会津小鉄《あいづこてつ》です。銃弾が飛び交う焼け野原で、腕っぷし一つで大砲を引けるような男たちが集められた。彼らがやがてのちに五条楽園《ごじょうらくえん》と呼ばれるようになる遊郭を築いてゆく過程なども、ぜひ調べてみたいところです。もちろん、こうしたアウトロー的な存在は、なかなか記録を残しません。しかし、近代以降の任俠の世界や反社会勢力につながるような問題の根っこが、広く見ればこの「鉄砲焼け」にはあるはずです。

民衆と戦乱というテーマからは外れるように見えるかもしれませんが、現在の京都、近代以降の京都を考えるうえで、こうした問題は無視してよいものではありません。むしろ現代の京都に生きる市民にとって、重要な問題提起になると思います。その意味でも、今回のシンポジウムで「戦乱と民衆」をテーマに選んだことは、意味のあることだったと思います。

石上　クレインスさんのお言葉にありましたように、今日が「日本史の戦乱と民衆」について深く考える出発点になったように思います。歴史を過去のものとして考え置くのではなく、今の自分たちとどうつながっていくのかに引き付けて考えることが大事なのではないかと、皆さんのご発言をお聞きして、改めて思った次第です。

本日はどうもありがとうございました。

第三部　生き延びる民衆・チャンスとしての戦乱――座談会

倉本一宏＋呉座勇一＋フレデリック・クレインス＋磯田道史＋井上章一
＋榎本渉＋石上阿希

（二〇一七年一二月、於：国際日本文化研究センター）

『万葉集』に防人の声を聴く

倉本　シンポジウム当日は、時間の制限などもあり、皆さん、言い足りなかったこともあると思いますので、改めて座談会の場を設けました。まずおひとりずつ、言い足りなかったこと、補足すべきことについて、語っていきましょう。そのうえで、シンポジウム当日は会場で聴衆の一人として参加してくださっていた井上章一さんと、中世の外交史を専門とする榎本渉さん、そしてシンポジウムで司会を務めた石上阿希さんにもお話に参加していただきたいと思います。

シンポジウムと同じく、時代の古い順からということで、古代担当の私が口火を切らせていただきます。

シンポジウムでは、「日本史の戦乱と民衆」というテーマにあわせて、白村江の戦いについてお話しさせていただいたのですが、まず大前提として、古代は史料が少ないという制約があります。そのために、私は古代にはいわゆる「乱取り」――戦いの折、兵が人や物を略奪する行為――がなかったかのように語ってしまったのですが、決して古代の人が紳士的だったという意味ではありません。あくまでも史料がないので、乱取りについての記録がないという意味です。

今回は、その時のお話に補足をするため、新たに史料を用意してまいりました。民衆に関する史料がなにかないだろうかと探しまして、『万葉集』のなかから、防人歌《さきもりうた》を拾い出してきました。防人とは、白村江の敗戦後、唐や新羅が攻めてくることを警戒して北部九州沿岸に配備された防備兵の制度のことです。防人歌は、その防人が詠んだ歌を集めたものです。誰に向かって詠んだか、誰を想って詠んだのかがはっきりわかる歌を取り出し、その対象が誰（何）かによって分類してみました。

防人歌の有名な一首に、「大君《おほきみ》の命《みこと》にされば父母を斎瓮《いはひべ》と置きて参《ま》ゐて来にしを」（巻二十―4393）というのがあります。つまり、彼らは天皇の命令に従って海を渡り九州に行ったわけです。防人歌は全部で九十八首あるのですが、意外なことに天皇のことを想った歌というのはほとんどありません。ではこの歌にあるように、故郷の父母を想う歌が多いのかというと、これもじつはそれほど多くはない。妻や恋人を想う歌というのが、四〇・二パーセントでもっとも多いのです。意外に近代的な感覚だという気がしてしまいます。いくつか取りあげてみましょう。

我が妻はいたく恋ひらし飲む水に影《かご》さへ見えてよに忘られず（巻二十―4322）

我が妻も絵に描《か》き取らむ暇《いづま》もが旅行く我れは見つつ偲《しの》はむ（巻二十―4327）
海原を遠く渡りて年経《ふ》とも児らが結べる紐解くなゆめ（巻二十―4334）
我ろ旅は旅と思《おめ》ほど家《いひ》にして子持ち痩《め》すらむ我が妻愛《みかな》しも（巻二十―4343）
旅衣八重着重ねて寐《い》ぬれどもなほ肌寒し妹《いも》にしあらねば（巻二十―4351）
我が妹子《いもこ》が偲《しぬ》ひにせよと付けし紐糸になるとも我は解かじとよ（巻二十―4405）

その他では、「母を想う」歌が二四・一パーセント、「父を想う」歌が一三・七パーセント。父よりも母を想う歌がはるかに多いというのは、太平洋戦争の折に、戦没した学徒出陣兵の遺書を編集した『きけ　わだつみのこえ』などでも指摘されている傾向ですので、ある意味、時代を超えて普遍的な傾向なのかもしれません。非常に感慨深いものがあります。

時々の花は咲けども何すれぞ母とふ花の咲き出来《でこ》ずけむ（巻二十―4323）
真木柱《まけはしら》ほめて造れる殿のごといませ母刀自《ははとじ》面変《おめ》はりせず（巻二十―4342）

などは母のことを偲んで詠っています。

「望郷」の歌が六・八パーセント。古代人は、それほど故郷を想っているわけではない、ということでしょうか。

橘の下吹く風のかぐはしき筑波の山を恋ひずあらめかも（巻二十―4371）

などがあります。

ただ単に、戦いに赴く「悲哀」を詠んだ歌が三・四パーセント。もっと多いと思っていたのは、「忠君」を詠んだ歌でした。『万葉集』に収められた大伴家持《おおとものやかもち》の長歌に材をとった『海行かば』という軍歌はよく知られています。「大君の辺にこそ死なめかへりみはせじ」という歌詞は、忠君愛国の象徴として語られていた時代があります。しかし、『万葉集』全体で見ると、「忠君」の歌は三・四パーセント。わずか三十分の一程度の割合です。

霰《あられ》降り鹿島の神を祈りつつ皇御軍《すめらみくさ》に我れは来にしを（巻二十―4370）

今日よりは返り見なくて大君の醜《しこ》の御楯《みたて》と出で立つ我れは（巻二十—4373）

などは珍しい例です。これらははたして自主的に詠んだものなのでしょうか。驚くべきことに、「体制批判」の歌もあります。防人として派遣されること自体を嫌がり、批判しているわけです。これが三・四パーセント。

ふたほがみ悪しけ人なりあたゆまひ我がする時に防人にさす（巻二十—4382）

「ふたほがみ」というのは下野守のこととされています。自分を防人に徴発した国守を「悪い人」と非難しているのです。「お上」に知られたらどうなってしまうのかと、いささか心配になる内容です。

「子を想う」歌も、二・四パーセントと思ったほど多くはない。これは、年齢的にまだ子どものいない若者が多かったからだと思います。

唐衣裾《からころむ》に取り付き泣く子らを置きてぞ来ぬや母《おも》なしにして（巻二十—4401）

などは読んでいて切なくなってしまいます。

全体としてみると、女性のことを想って詠んだ歌が圧倒的に多いことがわかりました。しかし、疑念がないわけではありません。律令制下の公民が防人となって、ほんとうに自分で詠んだ歌なのか怪しい部分もあります。ほんとうに当時の民衆が、和歌という形態で自分の考えなり内なる思いを語ることができたのだろうか。非常に怪しい気が、私はしています。

『万葉集』の防人歌は、そもそも民衆を含むさまざまな人たちが詠んだ歌を国司が採集し、それを大伴家持が編纂してできたという成り立ちだと思われます。そうなると、編集にあたった側が、民衆とは「こうあってほしい」「こういう歌を詠んでほしい」という視点で集めただけなのかもしれません。

さらに言えば、『万葉集』とは、最終形態のものでも編纂がきっちり終わったものではありません。いわば創作ノートのようなものが流布したものです。防人歌の大半を収録している「巻二十」は特にそうです。となると、データ的にはそれほど信のおけるものではないのかもしれません。

また、『日本霊異記』中巻第三「悪逆の子の、妻を愛《めぐ》みて母を殺さむと謀り、現報に悪死を被《かがふ》りし縁（不孝非道の子が、妻を愛し母を殺そうと企てて、この世で悪い報いを受けて死んだ話）」では、武蔵《むさし》国多磨《たま》郡から防人に徴発された吉志火麻呂《きしのひまろ》が、故郷に残した妻に会いたくて、同行していた母を殺そうとしたところ、大地が裂けて落ち、死んでしまったという説話となっています。

以上、きわめて史料が限られている古代の、それも民衆の声に耳を傾けようとするならば、何らかの使い道はあるのではないか。そう思いまして、ここでご紹介させていただきました。

民衆に冷たい室町の権力

倉本　では次に呉座さん、お願いします。

呉座　先日のシンポジウムでのディスカッションでは、クレインスさんが取り上げた大坂の陣、そして磯田さんの禁門の変について、戦乱のなかで民衆が逃げ惑ったのかどうか、避難したのかどうかが議論されたかと思います。そのとき、クレインスさんに「応仁の乱のときはどうだったのか」という質問を受けたのですが、すぐには思いつかず、きちんとしたお答えができませんでした。改めて調べ直してみますと、応仁の乱の際に避難する人びとについて、若干の史料があることに気づきました。これは奈良大学の河内将芳さんがご指摘になっているものです。

応仁の乱は、守護大名などの武将が、東軍と西軍とに分かれて戦われました。将軍足利義政は東軍についたので、東軍の大本営は、将軍御所でした。東軍は将軍御所を囲むかたちで堀を設け、御所を要塞化していました。当時の記録では「御構《おんかまえ》」と表記しています。この御構は徐々に拡張されて、将軍御所だけでなく、周辺の公家の屋敷や庶民の家、道路なども囲い込む、巨大な陣地になったようです。

応仁の乱のさなか、この御構に逃げ込んでくる民衆がいたらしい。東軍の大本営であり、堀で囲まれているので、危険は少ないと判断したのでしょう。この人たちは、外からやってきた人なので、住む家などありません。そこで、この御構の中に勝手に仮設住居のようなものを作ってしまう。そのために道幅が狭くなってしまったので、文明六年（一四七四）には仮設住宅が取り壊されるという事態が起きています。現代で言えば、公園に作られたホームレスのテントが撤去されるような話です。

これは、甘露寺《かんろじ》親長《ちかなが》という公家の日記に出てくる話で、親長は「万民愁傷比類なし」と記していますから、仮設住宅から立ち退かされた民衆に同情していたようです。

応仁の乱はなぜ起こったかと考えますと、何と言っても足利義政をはじめとする権力者に、戦争を引き起こした責任があります。民衆はその「とばっちり」を受け、将軍のいる陣地に逃げ込んで仮設住宅を作ったのに、さっさと追い出されてしまったわけです。シンポジウムでは、磯田さんが、「民の被害に対して国家がどれほど関心を示しているのか」という問題提起をなさいました。そういった観点から見ると、室町時代の国家権力が民衆の被害に関心を寄せていたとは到底思えません。民衆に対し、じつに冷たいなという印象です。

シンポジウムでは触れることができませんでしたので、この点を補足しておきたいと思います。

日本とヨーロッパの戦争における類似点と相違点

倉本　ではひきつづき、クレインスさん、お願いいたします。

クレインス　私は、シンポジウムでお話しした大坂の陣で、戦争の終結時に起きた、徳川軍による乱暴狼藉、いわゆる「乱取り」について付け足したいと思います。

このときの「乱取り」は、よくスペイン内戦時に起きたゲルニカ爆撃と比較されます。ゲルニカ爆撃は、スペインのフランコ軍と手を結んだナチス政権下のドイツ空軍が、スペイン・バスク地方の都市ゲルニカでおこなった無差別爆撃のことを指していますす。しかし、オランダ人の書簡の内容をたどってみると、大坂の陣の時の状況とゲルニカ爆撃との類似性は裏付けられないと、私は思います。

オランダ人の書簡には、一般民衆の動向が次のように記されています。大坂、堺、京都の民衆は、強盗や放火犯に備えて巡回したり警備したりして、秩序を保とうとしていました。彼らは徳川軍・豊臣軍のどちらかに付いて戦いに参加するような行動はまったく取らず、受け身の姿勢で戦いの行く末を見守っていました。むしろ民衆のあいだでは、牢人によって構成されている豊臣軍の方が秩序を乱していて、それに対し徳川軍が秩序を守っているという認識があり、徳川軍の到来を歓迎していたようなのです。

また、オランダ人の書簡の内容からすると、民衆は非常に身軽に動いていたようです。徳川軍が出陣したとの情報に触れると、すぐに荷物を安全な場所に運んで避難し、危険がなくなると再び戻ってきます。大坂に残っていたのは、積極的に豊臣軍に協力していた一部の民衆だったと推測されます。

シンポジウムでも少し触れましたが、大坂冬の陣が終わった後、避難していた城下の住民が戻ってくると、空き家には豊臣方の牢人とその家族が住み着いてしまっていて、住む場所がなくなってしまいました。したがって、徳川軍の乱取りがおこなわれたときは、すでに大坂城下には一般民衆はほとんどいなかったのかもしれません。ゲルニカ爆撃の特徴は、戦争には無関係の一般民衆が巻き込まれ、空爆によって無差別に殺害されたということです。大坂の陣の場合、乱取りは主に豊臣軍の牢人とその家族がターゲットになっていて、無関係の一般民衆が巻き込まれることはあまりなかったのではないかと思います。

ちなみに乱取りは、呉座さんもシンポジウムで指摘されていたように、戦国時代においては公然とおこなわれている行為ですが、現代の視点から見ればゲルニカ爆撃と同じような無防備都市に対する無法な虐殺行為だったのではないかと批判もされます。しかし、当時としてはそれほど珍しいことではありませんでした。イエズス会士たちは、豊臣方に立っているからこそ、徳川軍の乱取りについて批判的な語り口になっているのだと思います。

もう一つ、中世ヨーロッパとの比較についても触れておきたいと思います。ヨーロッパの中世都市は、自治権を持っていて自衛団もあるので、日本における土民や足軽がおこなったような被害はあまり受けませんでした。時々、都市が雇用している傭兵部隊が暴れることはありましたが、だいたい都市は守られていました。

中世の日本とヨーロッパを比較すると、戦争における類似点と相違点がいくつかあると思います。中世ヨーロッパでは、戦争は騎士の特権であり、騎士同士が闘う場合、騎士道が適用されて、負けた方が捕虜になり身代金が要求されます。日本の場合は、勝った方がすぐに敵の首を取る。それ自体が戦功だったわけですので、かなり違いがあります。

ただ、それはある程度の身分の有る騎士の場合です。その下で戦う一般の兵士たちについては、ヨーロッパと日本とは似ています。騎士の配下につく兵士――射手や、召使など――は、騎士の領地の一般民衆から選ばれました。日本の雑兵と似た役割を果たしていました。彼らに騎士道が適用されることはなく、戦争に敗れればたいてい皆殺しにされました。

一方で、中世ヨーロッパでは、戦いに参加していない民衆には通常害が及ぶことはあまりありませんでした。ところが、ちょうど大坂の陣と同じころ、つまり十六世紀終わりから十七世紀初めの近世になると、ヨーロッパにおける戦争の仕方がかなり変わってきます。大砲や銃といった火器の発達により、鎧をまとった騎士の影響力が衰退し、より多くの兵力を持つ方が勝利を確かなものとするようになります。それによって戦争の規模も軍隊の規模も大きくなり、食糧の調達などが大きな問題となってきます。現地でどうやって食糧を調達するかというと、略奪行為しかないわけです。すると、侵略される側は「焦土作戦」によって対抗するようになります。さらに砲撃に耐えられるような要塞が築かれるようになります。特に都市には城壁が造られるようになり、包囲戦が主な戦闘の仕方になってきます。そうなると、包囲戦で降伏しない都市民は、負けるとひどい乱取りにさらされるようになります。

シンポジウムで少し紹介したアントワープの大虐殺ですが、これは一五七六年に起こった事件です。他には、大坂の陣と同時期におこった一六三一年のマクデブルクの惨劇が挙げられます。カトリックの神聖ローマ帝国軍が、プロテスタントのルター派が支配するハンザ同盟都市マクデブルクを攻囲し、戦闘終了後におこなった大規模な略奪行為を指しています。要するに、アントワープの大虐殺もマクデブルクの惨劇も宗教戦争に関連する事件です。イデオロギーが背後にありますので、虐殺行為が許される大義名分が立つようになります。相手は「異教徒」なので、破滅させるのは当然だという論理が働くわけです。

このように、日本とヨーロッパにおける中世・近世の戦争の仕方を比較すると、私の考えでは、大坂の陣については、その規模が戦国最大のものであったにしても、近世ヨーロッパの戦争と違って、その内実はまだまだ中世的な性格を持っていたのではないかと思います。

鳥羽・伏見の戦いと戦災からの復興

倉本　日本における内戦の規模とレベルを見てみると、たとえ戦国時代であっても、ヨーロッパや中国と比べるとはるかに規模が小さいことがよくわかります。

では最後に磯田さん、お願いします。

磯田　シンポジウムでは、いわゆる禁門の変（蛤御門の変）とその後の鉄砲焼けについてお話しさせていただきました。幕末維新期の、特に京都近郊を舞台とした戦争というと、もう一つ、鳥羽《とば》・伏見《ふしみ》の戦いがあります。内戦の規模が話題となりましたが、この戦いも規模は非常に小さい。新政府側の兵力は約五千。旧幕府側が一万五千とされています。しかも、幕府側はそのすべてが前線に出ていたのではない。もし全軍が闘っていれば、あんな一方的な負け方はしなかったでしょう。

規模は小さかったのですが、鳥羽・伏見の戦いは小都市部でおこなわれました。おそらく、西洋並みの近代兵器を使った、最初の都市戦争だったのではないかと思っています。外国相手の戦争ということであれば、イギリス海軍と戦った薩英戦争がありましたが、内戦においてはこれが最初。近代戦争の定義は難しいのですが、私は鉄砲の銃身内部に螺旋《らせん》を切ったライフル銃を使用し、大砲の銃弾も敵に当たったら爆裂したり周囲を焼き尽くす炸裂弾を使用する点だと思っています。これによって、殺傷能力は格段に上がりました。それまでに使っていた銃砲は、マスケット銃やゲベール銃といった、火縄銃に毛が生えた程度のものでした。

新政府軍の中核となる薩摩や長州は、薩英戦争や、下関でおこなわれた四ヵ国連合艦隊との戦争を経験しています。したがって、近代戦が都市でおこなわれればどうなるか、民衆被害の問題も含めて、かなり理解していたはずなのです。すでに鉄砲焼けで京都はいったん焼けていましたが、それでも新政府軍の中心的存在である西郷隆盛らは、京都本体が攻め込まれることを二つの理由で避けようとしていました。一つは、東寺よりも北側で戦争が起こると、京都は完全に包囲されてしまうこと。もう一つは、これから自分たちの根拠地となり、税収確保の観点からも重要なスポットである京都を失うことに対する恐れです。

要するに、民衆被害に対する配慮も、多少はあったということになります。すでに京都の六割は鉄砲焼けで焼失していましたが、残りの四割に相当する上京は残っていた。京都が戦いの舞台となれば、この四割も焼失してしまうことになります。西郷らは、できれば戦争は京都の南の野原でやりたいと考えたのでしょう。

井上　戦場となった伏見は、京都ではないということですね。伏見は焼けても構わないというわけですね。あの西郷が、伏見と京都を峻別したがる京都人風にそまっていたのか（笑）。

磯田　伏見は旧幕府の拠点でした。伏見には奉行所があり、新政府軍はここをまだ確保できていませんでした。開戦に先だって五千の兵で先攻占守することはできなかった。しかも旧伏見奉行所は、竹中重固《たけなかしげかた》らが率いる強力な兵団が占拠していました。これに対抗するには、いささか旧幕府寄りと見做されていた土佐藩兵を最前線に押し出し、京都に上ってこれないように抑え込むのがせいぜいだったというのが、開戦前の状況だと思います。伏見をどうでもいいと思っていたかどうかはわかりませんが、京都本体を守るためには、伏見を犠牲にせざるを得ない状況だったのです。

当時、幕府軍の兵士は一メートルか二メートル間隔で密集して進む、戦国時代と変わらないような隊形・戦術で攻め上がってきました。新政府軍は、大山巖《おおやまいわお》が考案したとされる弥助砲、すなわち四斤山砲の砲弾を浴びせかければ、周囲五十メートルに鉄片が飛び散り、敵をなぎ倒すことができる。京都郊外に旧幕府軍をおびき寄せ、その頭上に四斤山砲を浴びせかけるというプランを当初から考えていたようです。旧幕府軍はまんまとおびき出されたわけです。

この時、前線で新政府軍の指揮をとっていたのは薩摩の樺山資紀《かばやますけのり》。白洲正子《しらすまさこ》の祖父ですね。長男の愛輔《あいすけ》（白洲正子の父）の証言を読むと、道の真ん中に線を引いておいて、この線を一歩でも越えたら攻撃せよと命じていたそうです。いざ戦闘が始まると、鳥羽方面は農村部で、それほど住宅密集地でもありませんので問題はなかった。鳥羽方面で戦闘が始まったのはすぐに伏見方面にも伝わります。Ｌの字形に伏見奉行所を包囲するように配備していた薩摩軍は、銃砲撃を開始します。すると、最初は会津藩兵や新選組が抜刀突撃などで応戦していました。昼間の内はこれを狙って射撃していればよかったのですが、夜になると肉弾戦となる。これは新政府軍にとっては非常に恐ろしい状況です。そこで、西郷をはじめとする新政府軍首脳は、背に腹は代えられず、伏見を焼き払うことにして、伏見奉行所の弾薬庫に照準を合わせて砲撃を開始しました。

薩摩藩の戦い方の「手練れ」なところは、あらかじめ敵が攻められたら一番困る場所を調べ上げ、特定しておいて、そこに砲撃を集中するところです。幕府も戦いの初期において、薩摩側の砲撃で大砲の砲車をひっくり返されて機能不全に陥るような目に遭っていました。この時も、弾薬庫が砲撃されれば伏見の町は火の海になります。その上、方々の町家を焼いて、その明かりで相手側に狙いを定めて撃つという戦いになっていました。伏見は保護されるどころではなかったわけです。この点は、蛤御門の戦いのときとまったく同じで、戦場の兵士の安全を確保するために、敵兵が隠れる場所になりかねない民家を焼失させてしまうという論理で、家屋がほとんど焼かれてしまう状況で戦いは推移し、そして決着がつきました。

戦争において一義的に守るべき存在というと、権力の中枢と民衆の二つがあると思います。そして、たいていの場合は、権力の中枢の保護が優先されます。民衆被害についての国家的な関心は、それ以前の時代に比べればずっと上がってきたとはいえ、実際の戦闘が始まってしまえば、そうも言っていられなくなる。民衆の保護は忘れられてしまう実態が、伏見での戦いからもうかがえるのではないかと思います。

京都の人口は、最盛期とされる享保期《きょうほう》（一七一六〜三六）で約三十七万人だったと推定されています。幕末には若干衰えてきて、それでも三十万くらいいたと考えられています。それが明治維新の段階で二十三万人を切るところまで落ち、しかも、京都への物流の中心地である伏見までも失うということになり、京都の衰退にさらに拍車がかかったかたちとなりました。

これがどう復興したかについて、最後に少し触れたいと思います。

近代になり、京都府知事となったのは公家出身の長谷信篤《ながたにのぶあつ》、次いで長州出身の槇村正直《まきむらまさなお》でしたが、彼らについて私はあまり評価していません。槇村の時代には、会津出身で京都の近代化に貢献したとされる山本覚馬《やまもとかくま》が政策顧問であったにもかかわらず、それほどの功績を残したとは思えないのです。それどころか五山の送り火を中止したり、剣術を禁止したりするなど、どうもピントの外れた政策をくりかえしている。

そもそも京都の復興が遅れたのは、金融の道が途絶して復興資金が有効に貸し付けられなかったからです。槇村の次に京都府知事となった北垣国道《きたがきくにみち》という人は、私は高く評価しています。この人は但馬国《たじま》(兵庫県)の出身で、なかなか大変な経歴です。幕末には平野國臣《くにおみ》が起こした生野義挙(生野の変)に参加しています。生野義挙というのは、まだ厳然として幕府がある時期に挙兵するという、今から考えると無謀に過ぎる蜂起です。そんな無茶をしたうえで長州に逃れ、一時はスパイに間違われて首を切られそうになり、戊辰戦争では山国隊《やまぐにたい》の指揮を執ったという人物です。

そういう波瀾に富んだ経歴だからこそ、逆に現実主義者だったのだと思います。京都を復興するために、二つの要素に注目しました。一つは工業。もう一つは学校です。この二つを京都に持ってくることに成功しました。工業とは、具体的には琵琶湖疎水《そすい》であり、発電所であり、インクラインです。学校というのは、京都大学。当時の第三高等中学校を誘致しました。もともとそのルーツとなった舎密局《せいみきょく》は大阪にあったのですが、大阪は商業の町だったからか、あまり学校を置くことにはこだわりがなかったようで、第三高等中学校は京都に移転します。当時の京都にとっては、なけなしの金をつぎ込んだ誘致だったと思います。しかし、第三高等中学校は旧制第三高等学校となり、京都帝国大学となるわけです。その結果、大量の若者が京都に流れ込み、京都市に限れば人口の約一割が学生という特異な街が誕生しました。そしてそれが、京都復興にじつに大きな役割を果たしたのです。北垣が技術と教育という、知的な営みに注目したことが、京都復興を成し遂げる原動力となったことは、高く評価すべきでしょう。

しかし、北垣が京都府知事に就任したのは明治十四年（一八八一）のことです。幕末の焼け野原の状態から、本格的な復興が始まるまでに十五年近くかかったということになります。あえて言えば、京都の町は放置に近い状態だった。明治維新後、首都機能が東京に移され、適切な投資がおこなわれない状況だったのです。明治も後半の三十七年になると、西郷隆盛と愛加那《あいかな》の子である西郷菊次郎《きくじろう》が二代目の京都市長に就任します。これはやはり、薩長との人脈に注目した京都の商工会議所など財界人が、京都への資金流入を円滑にできる人材として菊次郎を招聘したことが明らかになっています。実際、菊次郎は発電、上下水道整備、市電設置の京都三大事業を成し遂げ、近代以後の京都の第二次発展を担いました。

戦災などによって町も民衆も甚大な被害を受けた場合、一刻も早く金融のルートを復興し、さまざまな投資をおこなえるようにすることが重要であること、そして産業復興とともに教育への投資もまた重要な要素であることが、近代京都のたどった道をふりかえることで、改めて実感できたような気がいたします。

倉本　ありがとうございます。「戦乱と民衆」をテーマとしてお話をしてまいりましたが、戦乱による荒廃からの「復興」については、あまり触れることができませんでしたので、非常にありがたい問題提起だったと思います。

西陣と「宗全さん」

倉本　それでは、シンポジウム当日、客席でお聞きになっていた井上章一さんに、コメントをいただきたいと思います。

井上　簡単にコメントさせていただきたいと思います。まず倉本さんは、白村江のときの記憶が近代まで残ってしまっていると言っておられる。そんな印象を受けました。たしかに白村江での突撃は、二〇三高地における乃木希典《のぎまれすけ》率いる陸軍の突撃を彷彿とさせます。ただ、あまりそれを強調すると、ほんとうにそうかという疑念もわいてきます。私は、白村江の記憶が大日本帝国の陸海軍に残っていたと思いません。文化的な遺伝子に組み込まれているといった表現もあるかもしれませんが、私自身はやや承服しがたいものを感じます。ただ、白村江に至る分析は非常に面白く拝聴いたしました。敬服もいたしました。

今日は、『万葉集』にうたわれた民衆意識の話を補足されました。妻や恋人を想う歌が非常に多かったということですが、もしかすると、見栄をはってそういう女たちがいるかのように歌を詠んだ人もいたのではないかと思います（笑）。ほんとうは恋人などいないのに、周りにあわせてそういう歌を詠んだということもあったでしょう。

呉座さんの今日のお話で、疎開の問題が出てきました。京都ではときどき、こんな話を聞きます。西陣や東陣あたりには、朝廷に仕える織物職人が、応仁の乱以前からいた。その人たちは、証拠があるのかどうかはわかりませんが、一般的には応仁の乱の戦火を避けるために逃げたと伝わっているようです。京都を逃れて兵庫や堺に逃げた、と。その疎開先で、職人たちは、京都には入ってこない舶来の織物を目にしたと言います。これが刺激となって、応仁の乱の終了後、京都に戻った職人たちは新しい技法に取り組み、西陣織など京都の織物の水準を高めたと、よく語られているのです。

　これがほんとうの話かどうか、私には判断する材料がありません。しかし、呉座さんのお話を聞いていて、もしこのお話が嘘だとするならば、だれがその嘘を作ったのか。ほんとうだとすれば、どうして公的な史料には残っていないのだろう、そんなことを思いました。もし何かヒントがあれば、教えていただければありがたいと思います。

　応仁の乱は、文明九年（一四七七）十一月十一日に、一応、教科書的には終わったことになっています。今宮《いまみや》神社の織姫の祠では、毎年、西陣の人たちがこの日を西陣の記念日として祝っております。戦争の記憶を風化させない試みが、なされているわけです。もう一つ印象的なエピソードを紹介します。西陣あたりのお医者さんとお目にかかったときに、私は山名宗全《やまなそうぜん》の話題を振ったんです。すると、その方が「宗全さんは……」と言葉を返してこられたのです。決して呼び捨てにはしない。どこかで、うやまいつづけている。あるいは、おそれているのかな。戦争の記憶を風化させてはいけないという世論はありますが、ここまで頑張っていることを、京都以外の人びとはどう思われるのだろうか、と気になりました。東京の人など、さすがにそれは風化させてもいいだろうとお思いになるかもしれません。ただ、この現象自体は、ひょっとすると近代以後に膨らまされたものではないか、という疑いもあります。江戸時代から、ほんとうに「宗全さん」と呼んでいたのか。もし近代になって「さん」を付けるようになったのならば、具体的にいつからなのか、何かきっかけや原因があったのか。

こんなことも思いましたので、もしご存じのことがあれば、教えてください。

秀頼生存説をどう考えるか

井上　クレインスさんがお話しになった平戸の話、大坂の話も、非常に面白いですね。クレインスさんのお話とは全然別の話ですが、大坂夏の陣の後、豊臣秀頼がじつは生き延びたという話が流布されます。皆さん、ご存じのことと思います。この話は、「日本随筆大成」などに出てくるのを見ると、どうも江戸時代後期になってからよく語られだしているようです。しかし、平戸のイギリス商館長だったリチャード・コックスは、大坂夏の陣の直後、一六一五年段階で、秀頼が鹿児島に逃げたという評判を書きとっているんです。たぶん、民衆のあいだに、そういう声があったのでしょう。

だからこそ思うのです。今日に伝わっている文書、すなわち一次史料には出てこない情報が、遠く長崎や平戸の記録に結構、書き留められている。日本人がしるさない風説などを、外国人が伝えている。やはり、彼らの記録は重要だし、非常に面白いと思います。

磯田 秀頼が鹿児島に逃げたかどうかについては、薩摩藩は幕末に至るまで調査を進めていたという証拠を目にしたことがあります。幕末の薩摩藩の実権を握り、国父とも呼ばれた島津《しまづ》久光《ひさみつ》が持っている文庫のなかに、鹿児島に逃げてきた秀頼の日々の生活を記した文書があって、しかもそれが、久光がとても大事にしていた本の中に入っていたんです。

久光は、おそらく秀頼が鹿児島に逃げてきた可能性を捨てきれなかったのでしょう。薩摩藩が秀頼を匿っていたかどうかの調査を、自らしていた形跡があります。

井上 私は、秀頼が生き延びて生活をしていたという場所へ実際に行ったことがあります。現在の標識にも、「豊臣秀頼旧邸跡」といった表示があって驚きました（笑）。

磯田　久光が残した史料を見てみると、どうも秀頼の素行はきわめて悪かったらしく、酒は飲むわ、たしか女性にもだらしないという話もあり、それを久光が読んでいる。

井上　それは、まあ、捨て鉢にもなりますよね。

呉座　完全に生存していたことを前提に話をしてませんか（笑）。

井上　いや、もちろん信じているわけではありませんよ（笑）。信じてはいませんが、「日本随筆大成」などでは江戸後期にならないと出てこない話を、イギリス人が早くから書いている点は非常に面白いと思うんです。

クレインス　秀頼生存説については、諸説あるようですね。リチャード・コックスの手紙では、京都に潜伏しているんじゃないかとも記されています。ちょうどその時にイギリス商館との取引のために平戸を訪れていた京都の商人たちが、その噂が本当であれば、秀忠が京都を焼き討ちするのではないかと恐れて、慌てて京都へ向けて出発したという場面もコックスの手紙で描写されています。同じような当時の噂についての記述はオランダ人の記録にも頻出しています。

井上　秀頼生存説は、噂話でしかありません。しかし、この噂は人びとをうごかしました。歴史研究者にとっては、偽史だというほかないでしょう。ですが、実社会におよぼした影響はあなどれないと思います。

倉本　非業の死を遂げた人物が、じつは生きていたという伝説は、かなり昔からありますね。私が調べた限りでは、もっとも古いのは『風土記』の筑紫磐井《いわい》、ついで壬申の乱の大友皇子です。大友皇子が上陸したという富津市の着浜《つばま》、小川宮を造ったという君津市の田原をはじめ、千葉県各地に伝承や故地、墓が残っています。房総の大友伝説の特徴として、蘇我《そが》氏が必ず登場することがポイントで、千葉市中央区の蘇我など、ゆかりの地もあちこちにあります。一番すごいのは、明治になってから耕地開拓のために造られた隧道が、「弘文洞《こうぶんどう》」と名付けられていることです。千葉県の大多喜町に造られた隧道なのですが、一九七九年（昭和五十四）に上部が崩落してしまい、現在は渓谷のようになっています。ですから、現在は弘文洞跡ですね。

呉座　大友皇子の諡号である弘文天皇から取ったのですね。

倉本　一八七〇年（明治三）に水戸学の影響で贈られた諡号ですね。大友皇子とその妃の十市皇女《とおちのおうじょ》にゆかりがあるとされる高塚や筒森《つつもり》神社のそばを流れている川に造られたから、弘文洞と名付けられたそうです。

キリシタン摘発事件と大坂の陣

井上　もう一点触れておきたいことがあります。江戸時代後期、京阪地方で豊田貢《とよたみつぎ》をはじめとするキリシタンたちが見つかります。文政十年（一八二七）に起きた切支丹摘発事件の「大坂切支丹一件」によって、かの大塩平八郎《おおしおへいはちろう》に捕縛されて処断されています。ちなみに大塩は、大坂東町奉行所の与力でした。この豊田とその一派は、正確に言うと、彼らの師である水野軍記は、マテオ・リッチの『天主実義《てんしゅじつぎ》』を通して、ただしその漢訳ですが、キリスト教の信仰に目覚めました。マテオ・リッチはイタリア人のイエズス会士で、ヨーロッパへ中国事情を紹介するとともに、この『天主実義』で中国にキリスト教を紹介しました。水野はこの本に感化されて入信しただけで、まったく宣教師たちと接触していません。もっぱら文献的にめざめた信仰なのです。

ところが、この話を聞いた肥前平戸《ひぜんひらど》藩元藩主の松浦静山《まつらせいざん》は、大坂の陣で牢人者のキリシタンが大坂で潜伏しつづけ、それが水野や豊田たちに繋がっていると思い込んでいます。松浦静山は江戸時代を代表する随筆集の『甲子夜話《かっしやわ》』を書いたことで知られている才人ですが、私はこの推測は完全な見当違いだと思っていました。今でも思っています。しかし、クレインスさんから、豊臣方の牢人が結構、民家に潜伏していたとお聞きして、ちょっと静山に歩み寄った方がいいのかなという気になってきています。あながち、ピント外れな見解ではないのかもしれない。少なくとも、静山がそう信じ込むだけの理由はあったということでしょう。

磯田さんのお話しになった伏見の話は、やはりショックですね（笑）。私は京都における空襲だったかな、そんなテーマで報告のなされた研究会に出たことがあります。ここでは、少しその話もさせてください。あまり知られていませんが、京都も結構、空襲を受けています。西陣も東山も受けています。そんな話をお聞きしました。伏見にも第十六師団の本部がありましたので、空襲を受けています。宇治にも軍需工場がありましたので、空襲を受けています。私はその会合で、伏見も宇治も空襲を受けて大変だったんですよ、という話をしたんです。そのとき、たった一人だけですが、「伏見は京都じゃありません」と言い放った人がいたんです。この話題のときにですよ！　よりによって、空襲を受けてみんな大変だったという話をしているのに、それでも譲れないのかと（笑）。

磯田　歩み寄りはしないんですね。

井上　そうです。まあ、お一人だけでしたけどね。

倉本　このあいだ、千本釈迦堂《せんぼんしやかどう》（大報恩寺《だいほうおんじ》）に行ったんです。梵字《ぼんじ》を書き込んだ大根を切り分け、加持祈禱をしてから炊き込む「大根焚《だいこだ》き」という行事が目的でした。すると、寺では「釈迦堂は京都最古の建物です」という放送をくりかえし流しているんです。え？　醍醐《だいご》寺の五重塔は違うのですかと聞いたのですが、醍醐寺は伏見区なので京都ではない、と……。まあ、これくらいにしておきましょう。

注目すべき、たくましい民衆の姿

倉本　では、シンポジウム当日には、残念ながら学会に出席されていて、シンポジウムに参加できなかった榎本渉さん、皆さんのお話を聞いて、この「日本史の戦乱と民衆」というテーマについて、ぜひ思うところをお話しください。

榎本　私は中世史が専門ですので、呉座さんの内容が一番わかりやすく感じました。土一揆に参加した民衆、戦争に参加した足軽に着目し、両者の連続性といったものに目を向けられたのだと思います。そこから私が読み取ったのは、「加害者としての民衆」という視点と、「チャンスとしての戦乱」という視点でした。

今回の「日本史の戦乱と民衆」というシンポジウムのテーマを受けて、日本史研究者が感じるイメージは、「不幸な戦乱に巻き込まれた民衆を憐れむ」というスタンスだと思います。もちろん、民衆の大多数は被害者であろうし、彼らは憐れむべき存在だと思います。しかし、おそらくそれだけが歴史の真実ではなくて、いろいろな側面があったのではないか。実際には、戦争を喜んで受け入れ、嬉々としている民衆もいたのではないか。戦争をきっかけに財産や土地を獲得したり、飢え死にしそうな人が延命したりすることもあったのではないか。そう思うのです。

中世という時代は、どんなに死にそうな人でも、チャンスがあれば生き延びることができる、そんな時代だったように思います。

井上 磯田さんのお話に出てきたように、幕末でも新京極で商売を始めた人がいましたね。

榎本 おっしゃる通りです。これから言おうと思っていたのですが（笑）、幕末の動乱においても、薩長と旧幕府が恐ろしい戦乱を引き起こし、多くの無関係な民衆が焼け出されて路頭に迷ったとしても、それをチャンスととらえるしたたかな人もいたということなのだと思います。

歴史の語りとして、民衆と言えばステレオタイプ的に「無力」で「弱い」、「憐れな」存在だったとして扱うことが多いですが、おそらくそれは、そういう描き方をする歴史叙述の方が、ほかならぬ民衆である読者の共感を得られやすいということなのでしょう。「加害者としての民衆」「略奪者としての民衆」というと、少々きつい言い方になりますが、「たくましい民衆」「生き延びてゆく民衆」と言い換えてもよいと思います。そのような存在も、歴史の一つの側面であることは間違いない。皆さんの発表を聞いていて、そんなことを感じました。その点で今回のシンポジウムは、「戦乱」や「民衆」という言葉の可能性を広げるという意味で、意義のあるものだったのではないかと思います。

私の専門は外交史、対外関係史でありますので、私の研究ではそもそもあまり民衆は出てきません。しかしそのなかでも、食えなくなってしまったら、人の物を奪えばいいじゃないかという中世的な発想を持った人びとが実際に海を越えてしまうこともあり、それが、おそらく倭寇なのだと思います。さらに十七世紀になると国内では戦争がなくなり、食い詰めた人が生き延びる「延命装置」としての戦乱がなくなってしまう。その段階で、国内で食いはぐれた人が舟に乗って、シャムやジャワなど東南アジアにまで進出します。

呉座　山田長政《やまだながまさ》とか、ああいう人ですね。

榎本　そうです。一六二三年にインドネシア東部のアンボイナ島（アンボン島）で起きた、「アンボイナ事件」というのがあります。オランダとイギリスの対立を背景に、イギリス人に傭兵として雇われていた日本人が、オランダ要塞を奪取しようと陰謀を働いていると自白させられ、処刑された事件です。彼らも、海外に活路を求めた人たちでしょう。戦乱のなかで雄飛をめざす、あるいは生き延びる手立てを探す。それがこの時代の民衆の「たくましさ」であり、それは外の世界とも連動するものだったのだと思います。これを否定したのが、言うまでもなく一六三五年、江戸幕府による日本人の海外渡航の全面禁止措置です。キリシタンの流入を防ぎ、社会を安定に導くための措置でした。

そう考えると、江戸時代というのは、皆で平和に暮らそう、でももう起死回生というほどのチャンスはないよ、という時代です。血筋、生まれた順番、男女の違いなどで人生のかなりの部分が決まってしまう。中世的な、のし上がるチャンスを否定することで、逆に安定を志向したと見ることもできると思います。それが中世と近世の違いなのだというのは、下克上というキーワードによって、主に支配者の上級武士層についてよく言われることですが、民衆についてもやはり同じところはあったのではないかと思います。

倉本　非常に興味深い指摘ですね。いつの時代でも、戦争を喜ぶ人間は必ずいます。戦争を起こす支配者層だけでなく、民衆のなかにも、これをチャンスにのし上がろう、儲けようという人は、どの国のどの時代にも出てくる。時代相は違いますが、それを比較することで見えてくるものもあるのではないかと思います。

絶滅危惧種として値打ちがでた京都の町家

倉本　ここまで、先日のシンポジウムでの発表を基に、その補足や感想を語っていただいたわけですが、ここで改めて、井上章一さんにご自身の研究視点から見た「戦乱と民衆」についての報告をしていただきたいと思います。

井上　民衆と言っても、かなりローカルな民衆である京都の町衆について触れたいと思います。先の大戦のとき、と言っても、もちろん京都でよく言う「応仁の乱」ではありません（笑）。

倉本　それは、ほんとうなんですかね。京都の人は「先の戦争」というと応仁の乱のことを指すといわれていますけど、実際にはあまり聞いたことはないのですが。

井上　いや、お言葉ですが、実際にそう言う人は少なくないです。

クレインス　私の妻は京都の人ですが、京都の人が「先の戦争」というとき、「応仁の乱」を指すと言っています。

倉本　でもそれは自然発生的に言っているのか、それとも、そういう知識が先に立って、そう言わないと京都人として認められないと思って言っているのか。

呉座　そこは気になります。

井上　そういう「言いぐさ」が、いつ頃芽生えたのかという「近現代史」を検討してみる値打ちはあるように思います。だけど、とにかくそういう人はいます。

話を戻します。いま、京都の町家がちょっとした文化財になりだしています。これはまだ新しい現象だと思います。一九七〇年代に京都大学におられた建築学者の上田篤さんが、京町家の調査に乗り出されました。私もお手伝いをいたしました。京都の町中の、洛中の人ともたくさんお話をしました。私の洛中に対する違和感は、その時あじわった屈辱に根ざしています。「京都ぎらい」の根っこは、そこですね（笑）。

そのとき、京大建築学科にいた多くの学徒は、不思議がっていました。「あんなものを調べて、何になる？」と。町家に文化財的な価値があるとは、まだ思われていなかった時代だと思います。二十世紀の終わりごろには、はっきり値打ちが出だしております。おそらく、失われゆくものに値打ちがつきだしたのでしょう。つまり、町家がイリオモテヤマネコや丹頂鶴と同列になってきているということ（笑）。絶滅危惧種だから値打ちが上がる、ということです。

一九九二年に、京呉服の奈良屋を営んでいた杉本家住宅は、「奈良屋記念杉本家保存会」を設立して、博物館として保存・公開されるようになりました。今ならそんな文化財にもなっている、あるいはなりうる京町家を大量に解体した時代があります。一九四五年です。アジア・太平洋戦争のとき、昭和二十年三月に「戦時家屋強制疎開」がおこなわれました。この時に、たとえば五条通の家屋は撤去されています。だから現在の五条通は広い道になっているわけです。

　この撤去に、当時中学二年生だった、フランス文学者の杉本《すぎもと》秀太郎《ひでたろう》が参加しています。友達の家も壊したらしい。その友達の名前が亀田利太郎だったことも、ご自分の履歴譜に書いておられます。非常に切ない思いで壊したとも、書かれています。杉本さんは、もうお亡くなりになりましたが、この国際日本文化研究センターの名誉教授でもあり、言うまでもなく杉本家住宅の持ち主でした。

　この時に町家が壊されたおかげで、広い道が三つできました。堀川通と御池通、そして五条通です。もともとは細い道でした。それが拡幅されたわけです。当時、町家は文化財とみなされていなかった。

　この三本の通りを、とりわけ地図上の配置を頭に思い浮かべてみてください。カタカナの「コ」の字を左右反転させたような、漢字の部首である「はこがまえ」(匚)のような

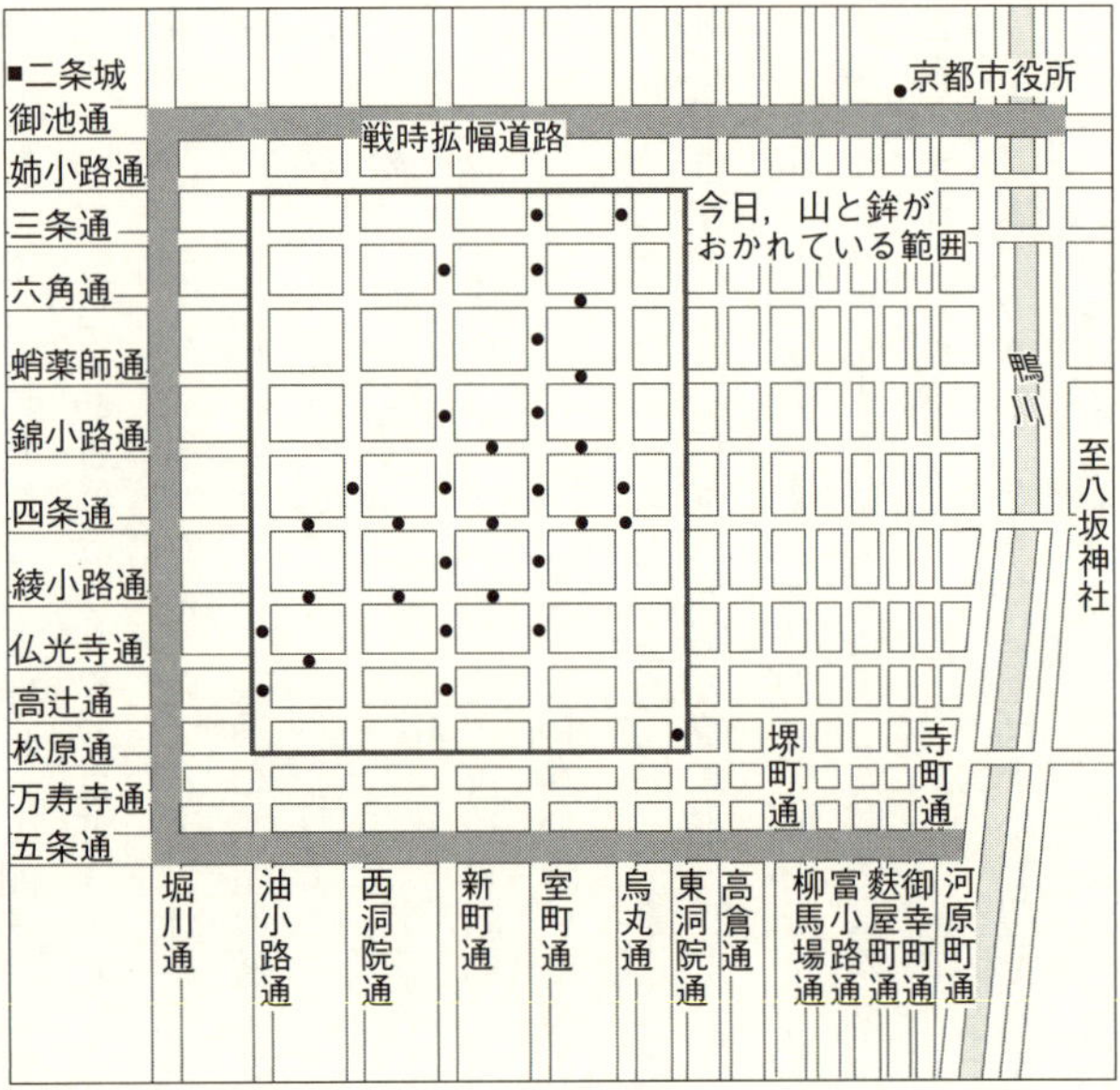

地図　守られた山と鉾

格好になっています。この「はこがまえ」のなかに、祇園祭の「山」と「鉾」を持つ家は全部入ります。山鉾町の分布をみると、北の端は姉小路、その一本北が御池通です。山鉾町の西の端は油小路、その一本西が堀川通です。山鉾町の南の端は松原通、その二本南側が五条通です。つまり、「戦時家屋強制疎開」は、あたかも祇園祭の山と鉾を守るかのようなかたちで進められたわけです。山と鉾を守っている区域の町家は、一つも壊されていません。杉本家は温存されましたが、五条にあった亀田利太郎さんの家は解体されたわけです。
　このとき、たとえば祇園祭山鉾町の新町通を広げようとか、西洞院《にしのとういん》、錦、綾小路を広げようとは、大日本帝国陸軍も思わなかったようです。あの苛烈をきわめた戦時体制も、祇園祭にはある種のおもんぱかりを示していたのではないかと思います。私の気持ちをわかっていただけますか（笑）。なんで、そこまでしてあいつらを……。

呉座　結局、「京都ぎらい」という話になるのですか（笑）。

倉本　お気持ちはわかりますが、ほんとうかどうかはわからないじゃないですか。単に人口密集地だったから道を広げられなかったのかもしれません。

井上　お言葉ですが、御池通が人口密集地ではないとでもおっしゃるのですか（笑）。堀川通がそうでないとおっしゃるのでしょうか。

倉本　いや、そうは申しませんが。

井上　同じような人口密集地なんだけれども、祇園祭の山鉾を守るかのようなかたちで、町家は解体され、道は拡げられたわけです。

磯田　山鉾を持っていないような町の飛び火で焼かれてたまるか、という気持ちが感じられるかもしれません。

井上　私がもっと若ければ、行政文書に挑んで調べると思いますが、六十を超えた今、その元気はありません（笑）。この本を読んだ若い研究者が挑んでくれれば、と思っております。

呉座　問題提起に止めておく、ということですね。

磯田　紫明《しめい》通は違うんですか？　紫明通も拡幅されているのではないかと。

井上　あれも防火帯を設置するために拡幅したようですが、祇園祭とは関係ありませんね。ちなみに「紫明」という名前を考えたのは、言語学者の新村出《しんむらいずる》さんなんですよ。

ついでに申しますと、京都が爆弾で焼けなかったという事実はありません。爆弾は落とされたけれど、大都市の割には比較的温存された町だったと思います。これを、京都の文化財に対する配慮だと指摘する人も、かつてはいました。ラングドン・ウォーナーというアメリカ人の美術史家が、京都は文化財のある町だから、空爆の対象にするなと進言した。それで京都は助かったという話があります。あるいは、中国の梁思成《りょうしせい》という建築史家が、アメリカ軍に進言したという話もあるようです。

しかし、これはいずれも間違いです。すでにさまざまな研究があり、現在ではほとんど否定されています。ウォーナーについては、本人自身が否定していますし、梁思成が京都の文化的な価値をアメリカに進言したところで、アメリカがその意見を取り上げたとは到底思えません。連合国側がそういった配慮をしたとすれば、その対象はおそらくイタリアのローマだけでしょう。京都の空爆が比較的軽微だったのは、最近の研究では原子爆弾を落とす候補地だったので、その効果を正しく計測するためだったと考えられています。

磯田　アメリカ陸軍の制服組は、京都に原爆を落とすつもりで、それに熱心でした。それを押しとどめたのは、陸軍長官のヘンリー・スティムソンだったようです。その理由は文化財を守るというようなものではなく、きわめて政治的なものでした。京都は都ですので、そこに原爆を落とせばアメリカに対する敵愾《てきがい》心が高まって、占領統治がしづらくなる。西欧諸国からも何らかの非難を受けるかもしれない。そのためにスティムソンは原爆投下の目標リストから、京都を外させたらしい。スティムソンは京都旅行をしたことがありますので、そのことが何らかの影響を及ぼしたのかもしれません。建物を守るため云々ということは、おそらく具体的にはまったく出てこないと思いますね。

スティムソンの意識としては、あくまでも原爆投下は純粋実験的なものに止めておきたいので、政治的な影響力が生じるようなところに対しておこなうべきではないという判断だったのではないでしょうか。

京都を破壊したのは京都人

井上　私の記憶にある京都のお話をします。私は洛外の生まれなのですが、そのころの丸太町通には、ダークなトーンの二階建ての町家がずらっと並んでいました。まだ荷物を牛も運んでいた時代です。その光景は、私の脳裏にも残っています。これを本格的に壊し始めたのは、一九六〇年代になってからです。高度成長期に、雑居ビルや、オフィス、〇〇会館といった建物が建ち、後にはマンションが建ち始めました。原爆投下計画はありましたが、結果的にアメリカ軍は、おおむね京都を守ってくれたわけです。その守ってくれた景色を壊したのは、ほかならぬ京都人だということなのです。決して戦争のせいではありません。「お前らが壊したんだ！」と言わなければならない（笑）。

ポーランドのワルシャワは、一九四四年にワルシャワ蜂起の失敗で、市街がほぼ全滅しました。これを戦後、ワルシャワ市民は復元します。復元に際しては、建物や道にあった元のひび割れに至るまで忠実に復元するよう努めたと聞きます。

イタリア人に、カナレットという絵描きさんがいます。十八世紀のワルシャワを描いています。そのカナレットが描いた十八世紀のワルシャワの光景を手本にして、二十世紀のワルシャワは復元されたわけです。つまり、十八世紀から一九四四年に至るまで、ワルシャワの風景はほとんど変わっていないという前提があって、復元はすすめられたということなのです。

ワルシャワだけではありません。ドイツも多大な被害を被っているのですが、ドレスデンやロマンティック街道沿いのローテンブルクとか、全部戦後に元と同じように直されるわけです。戦争の被害を受け、焼け落ちてしまったとしても、それでも元通りに戻そうとした人たち。戦災を被らなかったのに、自ら壊していった人たち。その違いを、私は強調したい！

呉座　完全に「京都ぎらい」ネタじゃないですか（笑）。

井上　京都人は、どうして京都を破壊してしまったのか。それは二階建ての町家では、固定資産税の払いがつらい、相続税の払いもつらい。背の高いビルを建てればテナント料を取れる。このせこい近代的な欲望が、京都の町を解体していったわけです。逆に言うと、ヨーロッパには今のべたような近代化が芽生えていないと思います。近代的な欲望があるなら、ドレスデンなんて鉄とガラスのビル街にしてもよかった。ワルシャワもそうすればよかった。でも、そうはならなかった。歴史都市だと日本では思われている京都が、ヨーロッパよりもはるかに現代的な都市であることを、ここでは強調しておきたいと思います。

戦後、祇園祭は甦ります。戦時中も、強制疎開の対象にはならず、温存されたわけです。当初は、町家のならぶ道筋を山車が回っていきましたが、一九六〇年代から、その街並みは鉄筋コンクリートのオフィスビル街に変わりました。七階建て八階建ての、山や鉾よりも背が高いビルが並ぶようになったのです。かつての山や鉾は、ダークなトーンの町家が並ぶなかで唯一、カラフルな光を放っていました。今は、山や鉾よりも周りの建物の方がはるかに背が高く、ツルツル、ピカピカした安物の光を放っています。

私はこう思います。街並みが変わってしまった以上、一九六〇年代以降の祇園祭は、もう二十世紀前半までの祇園祭とはおよそ違うものになってしまったと。建築を学んだ私はそう思うのですが、京都の町衆は、どうもそうは思わないようです。彼らがこだわったのは、山や鉾です。家や街並みではありません。戦時中に町家を壊しても、山と鉾を守った。そして戦後の平時にも、町家を壊して山や鉾を守った。これを見て、ああ京都ではまだ戦時体制がつづいているのかと、皮肉を込めて申し上げることで、私の報告を終えたいと思います。

京都を燃やしたのは誰か

倉本　井上さんの発表を踏まえて、あるいは全体の議論に対して、何か感想などがあればおっしゃっていただけますか。

呉座　応仁の乱が京都の人にとって「先のいくさ」かどうかはさておき、京都を焼き尽くしたというイメージが一番あるのは応仁の乱だと思います。もう一つ、京都を焼け野原にした戦乱というと、磯田さんがご発表された蛤御門の変（禁門の変）です。しかし、じつはもう一つ、戦国時代の一五三六年に天文法華《てんぶんほっけ》の乱という事件がありまして、これで上京の三分の一が焼けてしまっているんです。ではなぜ、天文法華の乱があまり話題に上らないのかを考えたことがあります。あくまでも思い付きでしかないのですが、ご紹介したいと思います。

天文法華の乱は、京都の法華宗の門徒が天台宗の比叡山延暦寺と争った宗教戦争です。延暦寺《えんりゃくじ》の僧兵やそれに加勢する六角定頼《ろっかくさだより》が京都に攻めてきて法華宗寺院を焼いてしまいました。当然、周囲に類焼し、大きな被害が出ました。ちなみに延暦寺側は天皇が住んでいる内裏には手を出さなかったので、民衆は内裏に逃げ込みました。さて、京都の法華宗門徒の主体は町衆です。要するに、天文法華の乱においては、町衆、すなわち京都住民が当事者――加害者とまでは言いませんが――であったわけです。応仁の乱や禁門の変は、よそ者がやってきて、京都をメチャクチャにしてしまった。だから許せないということになりますが、天文法華の乱は、自分たちで禍を招いてしまったという側面がありますつまり、天文法華の乱で京都が燃えたというのは、京都の町衆にとっては「不都合な真実」なのではないか。だから、あまり語られないのではないかと、そんな気がしています。

井上 五山の送り火を、「大文字焼」と言ってはいけないと、よく言います。しかし、浄土真宗にとっては、霊魂が戻ってくるという考えがないので、あれは単なる「大文字焼」なんです。私が子どものころは、普通に「大文字焼」と呼んでいました。五山の送り火という言葉は、あまり聞いたことがなかった。杉本家は浄土真宗です。杉本家にとって、あれは「大文字焼」です。つまり、京都には法華衆だけが住んでいたわけではない、ということです。天文法華の乱のときも、京都の町衆が法華一色だったわけではありません。浄土真宗も結構いたとおもいます。そして、真宗の門徒は、自分たちが京都を焼いたと思わなかったでしょう。不都合な真実だから、あまり語らないでおこうと彼らが強く考えたかどうかはうたがわしい。そこは留保しておいた方が良いようにおもいます。

榎本　先ほど、京都の文化財を守るために爆撃をしなかったというのは、事実と違うという話がありました。ではなぜ、そういう根拠のない説がまことしやかに広まったのでしょうか。

井上　占領軍の側からすれば、占領政策を進めるうえでも、都合のいい臆説です。この風評を利用したかどうかはともかく、わざわざ否定するほどのことはないだろうと判断したかもしれません。でも、この説をささえつづけたのは、京都人の心性ですよ。アメリカは京都の文化財を守ろうとした。なるほど、アメリカ人も京都を敬ったのか、あいつらにも見所はあるやないか——というナルシシズムを、洛中の人は感じつづけたかった。そんな想いがこの説を延命させたのではないか。

榎本　やっぱりそうですか。自分たちは国際的にも評価が高いという、京都人のナルシシズムですね。

呉座　京都はローマに匹敵するぞ、と（笑）。

倉本　奈良も原爆投下の候補地だったらしいのですが、人口が少ないので、実験として効果的ではないとして回避されたらしいですね。にもかかわらず、京都に便乗して、奈良もそうだ、文化的価値を世界に認められていたから原爆を落とされずに済んだのだと自慢する奈良人は、もっと情けないということになりますね。

呉座　なんで今度は「奈良ぎらい」なんですか（笑）。

倉本　クレインスさん、井上さんの発表について、いかがですか。

クレインス　京都人による京都の破壊というのは、残念ながら認めざるをえません。京都の街並みを見るのが好きで、妻と二人でよく散策するのですが、一九六〇年代に起きたことが、また現在、起きているような気がします。二、三年前までは、あまり街並みに変化はなかったのですが、アベノミクスの影響でしょうか、だんだん古い家が壊されて、新しい建物ができてきています。

井上　西陣あたりは、ずいぶん現代化しましたね。せっかくいい建物がたくさんあったのに。

倉本　古い建物を、商売に使いだす人が増えているということですが。

呉座　町家を改造して、飲食店にしたりすることが多いみたいですね。

井上　人通りが多いところはそういう手立てがこうじられるのだけれど、人もあまり通らない、ただ昔の風情が残っているというような多くの場所では、資本投下もされませんので、さびれてゆくかマンションになるか。

榎本　町の風情というと、日本の場合、このあたりはもうかると判断すると、町の風情を残そうといって、古い建物を補修しながら活用しますね。私はよく中国に行くのですが、中国では、ここを文化的なものとして残そうとなると、古い家を全部壊してきれいな家を建て、そこに看板をつけるんです。だから、このエリアはいいなと思って、次の時に行ってみると全部シートに囲われて工事中だということが、よくあります。

井上　中国ではいま、ハウステンボスめいた区画がそこら中にできています。

戦争から民衆を守るものは

倉本　「戦乱と民衆」というテーマに戻って、磯田さん、いかがですか。

磯田　北朝鮮と米国との核をめぐる緊張関係もそうですが、戦争が起きるかどうか、それは国家や国家指導者の論理だと思います。しかし、戦争っていつも、たとえ自国が勝っても、死んだ兵士にとってはそこから人生ゼロなんです。そう思うと、戦争を見る視点というのは、歴史学にとってとても大事だと思うようになって来たんです。歴史学では、当然のように、戦争を国と国、軍と軍の対立として描いてきましたが、それを局外から見つめる第三者の個人という視点からの歴史叙述も必要なのではないか。

先ほど天文法華の乱の話が出ましたが、あれを見ても、中世には国権の発動としての戦争ならぬ、民衆の発動としての戦争があったんですね。それを正しく理解し、叙述するためには、やはり戦う二者と、それを外から見ている個人や家族という視点が必要だと思います。

戦時になると、個人の損得というものがリアルに出てくることが、今回の議論でもいくつも出てきました。戦場で死体から盗ったお金で土地を買い、のし上がってゆく個人というのは、まさにそういう存在です。現在の政治情勢に重ねるならば、日本が核戦争に巻き込まれ、十五〜二十キロトンの核を東京の中枢部に落とされる事態となれば、半径三キロの範囲が焼き尽くされるので、渋谷くらいまでは壊滅するわけです。二百キロトン規模となると、小田原くらいまでが一発でやられてしまう。そのリアルな感覚を掘り起こすことが、「戦乱と民衆」の関係を明らかにするうえで、必要なのではないか。そう思ってお話を聞いておりました。

井上 だいぶ悠長な話に聞こえるかもしれませんが、あえて申し上げます。一九四〇年五月、ドイツ軍がマジノ線を越えて、六月一四日にパリは陥落します。フランスにはまだ、徹底抗戦するという道もあった。しかしパリを破壊されるくらいなら敗北したほうがましだと、彼らは考えたわけです、パリはそれだけの値打ちがあるという自意識があったんでしょう。イタリアでも、ローマ空爆の六日後にムッソリーニは逮捕されています。そして、停戦へと向かいました。ローマを潰されるような戦争なら、もう負けてもいい。そう思った。それだけローマに対する自負心があった。それに比べると、東京は三年四ヵ月も空襲を受けつづけた。守るに値すると考えられる文化財など、事実上なかったということなんです。

呉座　今度は「東京ぎらい」ですか（笑）。

井上　いや、つまりパリやローマとは全然違うということなんです。イタリアなど、まだ戦争を継続できる状態だった。爆弾を多少落とされただけ。一九四三年七月十九日にローマが空爆を受けると、翌日には参謀本部が国王と掛け合って、戦争をやめようと。そしてその時にムッソリーニの解任と、バドリオ後継内閣の指名を決めています。一日しか、彼らの根性は持たなかったわけです。日本の大本営はイタリアを「腑抜け」「意気地なし」と罵りました。でも彼らはローマを守るために敗戦を受け入れたわけです。私はむしろ、イタリアにこそあやかりたい。

クレインス　もしも京都の文化遺産がアメリカにもっと爆撃されていたら、事情は変わったかもしれませんよ。

井上　いや、京都なんか燃えても構わないと、大本営は判断したでしょう。

倉本　日本がそこまで被害を出しても守ろうとしたのは、国体しかなかった。国体とは何かと考えると、たぶん天皇個人の身体ではない。

磯田　三種の神器を祭祀している状態？

倉本　かもしれません。三《み》島《しま》由《ゆ》紀《き》夫《お》はそう言っています。また、歴史そのものなのかもしれません。そう考えると、たとえば現在、自衛隊が守ろうとしてくれている「国」とは、具体的に何を指すのか。アメリカ軍があれだけ日本に駐留して守ろうとしているものとは何なのか。

井上　少なくとも、建築文化ではなかった。

倉本　当たり前じゃないですか（笑）。

井上　でもイタリアやフランスではそうだったんですよ。

倉本　それは、そういう歴史だからでしょう。我が国はそうではないということです。

井上　それが決定的に違うということを、私は考えるわけです。

磯田　冷戦が終わったとき、問題だらけの旧東ドイツを抱え込み、融和して、なんとか落ち着いた体制に移行しました。ところが東アジアではずっとそれがなかった。あまりヨーロッパを褒めたくはないけれど、そこだけはうらやましさを感じる。

井上 それはやはり、世界大戦を二回、経験しているということが大きいのでしょう。

磯田 大戦経験の差、ということですか。地上戦の。

倉本 少々お話が、現代の国際政治にまで及び過ぎたかもしれません。クレインスさん、全体をふりかえって、一言お願いします。

クレインス これまでの歴史叙述は、国家レベルでの議論が主であり、戦争を起こした当事者や、国家の支配者の視点から見た歴史像が中心だったと思います。しかし、私自身はあまりそこには魅力を感じません。私自身が民衆の一人でありますので、民衆が戦争の中でどうしていたのか、何を感じていたのかを探り当てるような歴史に心を惹かれています。とはいえ、今回の企画でも明らかになったように、どうしても史料的な制約があります。民衆の視点から見た大坂の陣について調べてみたところ、先行研究がほとんどないわけです。でも、それは、これまであまり使用されてこなかった史料に注目し、これまでと違う見方をすることで、決して克服できないことではないと、このシンポジウムを通じて感じました。

実際、他の方のご発表をお聞きしても、そのようにして掘り出された民衆の歴史、民衆の視点から見た戦乱の歴史は、私にとっては非常に興味深いものでした。これを機会に、これからもこの方向性で研究を進めていければと思いますし、それはきっと可能なのであろうと、意を強くしました。

倉本　ありがとうございます。最後に、シンポジウムの司会をお願いした石上阿希さん、呆れ果てたかもしれませんが、一言感想をいただきたいと思います。

石上　去年（二〇一六年）に話題となった『この世界の片隅に』というアニメ映画がありました。名もない一庶民の生活を描き、そのなかに戦争が忍び込んでくるというお話で、主人公のすずさんの目の高さに合わせた世界が描かれます。基本的には彼女が知らない情報はでてこないという物語です。

原作者のこうの史代さんは、当時の日記などの史料にあたり、何月何日の天気がどうだったのかまで調べて作品に反映し、さらにアニメ化に当たっては、監督の片渕《かたぶち》須直《すなお》さんが何十回も広島・呉に足を運び、フィールドワークや聞き取り調査をおこなって、とにかく当時の史料を緻密に調べて作品を作ったそうです。そのために、見ている視聴者は、すずさんの生活にいつの間にか入り込み、ほんとうに自分の頭の上にミサイルが降ってくるかのようなリアルな、そして恐ろしい感覚を得ることができる、そんな作品になっています。

その体験を踏まえて先日のシンポジウムをふりかえりますと、前近代については、さすがに近代以降の戦争ほどには史料が残っていないので、個人がどういう思いで戦争を感じていたのかを把握するのは非常に難しいことがわかりました。同時に、そういう視点で歴史を捉えること、史料を読み込むことというのは、ほんとうに大事なことなのだなと、皆さんの発表を聞いて実感いたしました。

生活の記憶も、そして史料も、時間の経過とともに徐々に失われていきます。その意味でも、今回のような試みは、非常に大事なのではないかと思います。そして、近代の戦争の記憶が、失われてゆくギリギリのところで、優れたアニメ作品によって甦ることができたように、優れた歴史研究者のかたがたのお力で、生活をしていた人の視点で戦争をとらえるということが、非常に重要になってきているような気がいたします。

倉本 ありがとうございます。いつまでもこんなことを語り合っていられる国（と研究所）でありつづけてもらいたいものですね。それではこの座談会を終わりたいと思います。

おわりに

二〇一六年に大ヒットした映画作品に、『君の名は。』、そして『シン・ゴジラ』があります。『君の名は。』と『シン・ゴジラ』は、共にポスト3・11をテーマにしています。『君の名は。』は隕石が落ちてきて平和な日常が突然失われ、世界が変わってしまったという話で、東日本大震災を意識しているのは明らかです。『シン・ゴジラ』で描かれている、政府がゴジラ襲来という「想定外の事態」に右往左往している様は、東日本大震災時の政府の拙劣な対応を揶揄したものでしょう。

歴史学も、同じように3・11の影響を受けていると思います。3・11後、世間ではにわかに災害史に注目が集まり、歴史学界でも研究が盛んになりました。しかし、3・11の学界への影響は、地震が起こった、洪水が起こった、津波が起こったといった、過去の自然災害を研究する「災害史」の活性化に留まりません。

私は二〇一四年に『戦争の日本中世史』という本を出しました。この本のもとになったのは、二〇一二年に学会でおこなった、戦争に関する発表ですが、この発表は、東日本大震災と切り離すことはできません。いままで戦争は戦争、災害は災害で、両者にあまり接点はありませんでした。昨今は北朝鮮情勢が国民的な関心事になっていますが、幸か不幸か、戦後の日本人は平和ボケなどと言われていて、少し前まで、多くの人命が失われる危機的な状況は、あまり意識されてこなかった。いわば安全神話、平和神話というべきものがありました。それがくつがえされたのが、阪神・淡路大震災、そして東日本大震災でした。

戦後の日本人にとって身近な脅威というのは、戦争よりも災害でした。しかし、よくよく考えてみると、戦争も広い意味で災害だととらえられると私は思っています。そのような問題意識のもとに、『戦争の日本中世史』を発表しました。戦争は人が起こすもので、災害は天災だから、それは違うだろうと拙著を批判する方もいました。

でも、ほんとうにそうなのか。たとえば東日本大震災のときも、地震が起きた、津波が起きたという部分はもちろん天災ですが、福島原発の問題や災害対応がうまくいかなかったというところは、人災です。ほんとうだったら助かったかもしれない人が、避難や救助の失敗で大勢亡くなったのですから。危機管理がうまくいかなかったために被害が拡大した、この部分は人災ですから、戦争と同じです。

戦争に関しても、今日、民主主義国においては、戦争を起こした責任は国民にもあるのだけれども、前近代の場合は民衆のあずかり知らぬところで戦争が始まります。禁門の変にしても、大坂の陣にしても、自分たちが戦争を起こそうなどと考えていなくても、突然災いが降ってきます。何も悪いことをしていないのに、家が焼け、人が死ぬ。これは広義の「災害」ではないか。そうした「災害」が発生したときに、どうやって、被害を最小限におさえるか、逃げるかという視点で、物事をとらえてもいいのではないか。戦争は人災で災害は天災だと分けられるものではなくて、つながっている部分があるという視点で見るべきではないか、そのようなことを思いました。

戦乱はチャンスだという話もありましたけれど、これは自然災害も一緒です。東日本大震災のときも、世直し的な議論、すなわち、これまでの政治、社会のあり方というのは、まちがっていて、これを機に日本人は生き方を変えるべきだ、社会のあり方を変えるべきだ、という文明論が盛り上がりました。原発の危険性を訴えていた運動家たちは、ほれ見たことか、と勢いづきました。この機運に乗じて運動を盛り上げていこうという動きもありました。当時、災害パラダイス、震災ユートピアという言葉が話題になりましたが、世の中を一新するチャンスだと気持ちが高揚していた人もいました。しかし、大災害の発生を受けて、議論が非常に感情的になってしまった側面もありました。3・11後のこうした社会現象も、私が戦争と災害の共通点を感じるきっかけとなりました。

ただ、戦争と災害を包括的に捉える視点は昔からありました。鎌倉時代の著名な宗教者である日蓮《にちれん》は、地震・暴風雨・飢饉・疫病などの災害が頻発するのは、人びとが法華経を信じず、浄土宗などの邪法に帰依しているからだ、と考えました。そして日蓮は、法華経に帰依しなければ、外国から侵略を受けることになる、と主張しました。この予言は蒙古襲来によって現実化するわけですが、日蓮が戦争と災害を共に「社会に対する最大の脅威」と考えていた点は興味深い。人びとの不信心が戦争や災害を招くという日蓮の観点から見れば、戦争も災害も一種の「人災」です。

ミサイルがどうだ、という問題を取り上げると、おまえは右翼か、戦争を煽るのかという話になってしまい、冷静な議論にならないことが多い。しかし戦争にかぎらず、非常事態に陥ったときにどうするか、という議論は普遍性をもつ話です。戦争が起こらなくても、日本は地震国、火山国で、近年は豪雨による水害も多い。災害はそれこそ日常的にあるのです。非常事態において、人はどう動くべきか、その問いには普遍性がある。今回の『戦乱と民衆』も、そういう文脈で重要なのではないかと思います。

私は『応仁の乱』を、サバイバルの物語として描きました。何が起こるかわからない非常時に、どうサバイバルするか。それが、問題の核心にあると考えたのです。今回の企画『戦乱と民衆』とも地続きですが、応仁の乱は、従来、下剋上のはじまりとして、革命的なイメージで描かれていました。戦後日本の知識人が革命的なものを期待して、そうあってほしいという願望を応仁の乱に投影していました。それに対して、私はそういった高尚な革命の話ではなく、ともかく生き残らなければならない物語として描きたかったし、それが本質だと思います。現代の我々にも、高尚な理想云々よりも、生き残らなくてはいけないという切迫感があります。そういう不幸な時代の世相と「応仁の乱」が重なったことが『応仁の乱』ヒットの一因なのかもしれません。

民衆にとって戦乱も「災害」でした。自分から起こしたわけではなくても、戦争という災害が発生する。発生したら、生き延びなくてはならない。シンポジウムで磯田さんが紹介されたように、火事場泥棒をして、その後、新京極に店を建てる、そういったことをしてでも生きていかなくてはならない。非常事態において、民衆がどうサバイバルしたのか。そういう視点は、今こそ求められていると思います。

二〇一八年五月　　呉座勇一

執筆者紹介

磯田道史（いそだ　みちふみ）
1970年、岡山県生まれ。国際日本文化研究センター准教授。専門は日本近世・近代史、社会経済史。著書に『武士の家計簿』（新潮新書）、『天災から日本史を読みなおす』『日本史の内幕』（ともに中公新書）、『「司馬遼太郎」で学ぶ日本史』（NHK出版新書）など。

倉本一宏（くらもと　かずひろ）
1958年、三重県生まれ。国際日本文化研究センター教授。専門は日本古代政治史、古記録学。著書に『藤原道長の日常生活』『戦争の日本古代史』（ともに講談社現代新書）、『蘇我氏』『藤原氏』（ともに中公新書）、など。

フレデリック・クレインス
1970年、ベルギー生まれ。国際日本文化研究センター准教授。専門は日欧交渉史。著書に『江戸時代における機械論的身体観の受容』『十七世紀のオランダ人が見た日本』『日蘭関係史をよみとく（下）』（編著）（以上、臨川書店）など。

呉座勇一（ござ　ゆういち）
1980年、東京都生まれ。国際日本文化研究センター助教。専門は日本中世史。著書に『一揆の原理』（ちくま学芸文庫）、『戦争の日本中世史』（新潮選書）、『応仁の乱』（中公新書）、『陰謀の日本中世史』（角川新書）など。

石上阿希（いしがみ　あき）
静岡県生まれ。国際日本文化研究センター特任助教。専門は近世文化史。著書に『日本の春画・艶本研究』（平凡社）、『へんてこな春画』（青幻舎）。2017年に近世期絵入百科事典データベースを公開。

井上章一（いのうえ　しょういち）
1955年、京都府生まれ。国際日本文化研究センター教授。専門は建築史、風俗史。著書に『つくられた桂離宮神話』（講談社学術文庫）、『京都ぎらい』（朝日新書）、『日本の醜さについて』（幻冬舎新書）など。

榎本渉（えのもと　わたる）
1974年、青森県生まれ。国際日本文化研究センター准教授。専門は中世国際交流史。著書に『東アジア海域と日中交流』（吉川弘文館）、『僧侶と海商たちの東シナ海』（講談社選書メチエ）など。

講談社現代新書　2488

戦乱《せんらん》と民衆《みんしゅう》

二〇一八年八月二〇日第一刷発行

著　者　磯田《いそだ》道史《みちふみ》　倉本《くらもと》一宏《かずひろ》　フレデリック・クレインス　呉座《ござ》勇一《ゆういち》

発行者　渡瀬昌彦
発行所　株式会社講談社
東京都文京区音羽二丁目一二―二一　郵便番号一一二―八〇〇一
電　話　〇三―五三九五―三五二一　編集（現代新書）
〇三―五三九五―四四一五　販売
〇三―五三九五―三六一五　業務
装幀者　中島英樹
印刷所　慶昌堂印刷株式会社
製本所　株式会社国宝社
定価はカバーに表示してあります　Printed in Japan

N.D.C.210 204p 18cm
ISBN978-4-06-512218-1

「講談社現代新書」の刊行にあたって

教養は万人が身をもって養い創造すべきものであって、一部の専門家の占有物として、ただ一方的に人々の手もとに配布され伝達されうるものではありません。

しかし、不幸にしてわが国の現状では、教養の重要な養いとなるべき書物は、ほとんど講壇からの天下りや単なる解説に終始し、知識技術を真剣に希求する青少年・学生・一般民衆の根本的な疑問や興味は、けっして十分に答えられ、解きほぐされ、手引きされることがありません。万人の内奥から発した真正の教養への芽ばえが、こうして放置され、むなしく滅びさる運命にゆだねられているのです。

このことは、中・高校だけで教育をおわる人々の成長をはばんでいるだけでなく、大学に進んだり、インテリと目されたりする人々の精神力の健康さえもむしばみ、わが国の文化の実質をまことに脆弱なものにしています。単なる博識以上の根強い思索力・判断力、および確かな技術にささえられた教養を必要とする日本の将来にとって、これは真剣に憂慮されなければならない事態であるといわなければなりません。

わたしたちの「講談社現代新書」は、この事態の克服を意図して計画されたものです。これによってわたしたちは、講壇からの天下りでもなく、単なる解説書でもない、もっぱら万人の魂に生ずる初発的かつ根本的な問題をとらえ、掘り起こし、手引きし、しかも最新の知識への展望を万人に確立させる書物を、新しく世の中に送り出したいと念願しています。

わたしたちは、創業以来民衆を対象とする啓蒙の仕事に専心してきた講談社にとって、これこそもっともふさわしい課題であり、伝統ある出版社としての義務でもあると考えているのです。

一九六四年四月　野間省一

日本史Ⅰ

1258 身分差別社会の真実——斎藤洋一・大石慎三郎
1265 七三一部隊——常石敬一
1292 日光東照宮の謎——高藤晴俊
1322 藤原氏千年——朧谷寿
1379 白村江——遠山美都男
1394 参勤交代——山本博文
1414 謎とき日本近現代史 野島博之
1599 戦争の日本近現代史 加藤陽子
1648 天皇と日本の起源 遠山美都男
1680 鉄道ひとつばなし——原武史
1702 日本史の考え方——石川晶康
1707 参謀本部と陸軍大学校 黒野耐

1797 「特攻」と日本人——保阪正康
1885 鉄道ひとつばなし2——原武史
1900 日中戦争——小林英夫
1918 日本人はなぜキツネにだまされなくなったのか 内山節
1924 東京裁判——日暮吉延
1931 幕臣たちの明治維新 安藤優一郎
1971 歴史と外交——東郷和彦
1982 皇軍兵士の日常生活 一ノ瀬俊也
2031 明治維新 1858-1881 坂野潤治・大野健一
2040 中世を道から読む——齋藤慎一
2089 占いと中世人——菅原正子
2095 鉄道ひとつばなし3——原武史
2098 戦前昭和の社会 1926-1945——井上寿一

2106 戦国誕生——渡邊大門
2109 「神道」の虚像と実像 井上寛司
2152 鉄道と国家——小牟田哲彦
2154 邪馬台国をとらえなおす——大塚初重
2190 戦前日本の安全保障——川田稔
2192 江戸の小判ゲーム——山室恭子
2196 藤原道長の日常生活 倉本一宏
2202 西郷隆盛と明治維新 坂野潤治
2248 城を攻める 城を守る——伊東潤
2272 昭和陸軍全史1——川田稔
2278 織田信長〈天下人〉の実像 金子拓
2284 ヌードと愛国——池川玲子
2299 日本海軍と政治——手嶋泰伸

日本語・日本文化

105 タテ社会の人間関係　中根千枝
293 日本人の意識構造――会田雄次
444 出雲神話――松前健
1193 漢字の字源――阿辻哲次
1200 外国語としての日本語――佐々木瑞枝
1239 武士道とエロス――氏家幹人
1262 「世間」とは何か――阿部謹也
1432 江戸の性風俗――氏家幹人
1448 日本人のしつけは衰退したか――広田照幸
1738 大人のための文章教室　清水義範
1943 なぜ日本人は学ばなくなったのか――齋藤孝
1960 女装と日本人――三橋順子
2006 「空気」と「世間」――鴻上尚史
2013 日本語という外国語　荒川洋平
2067 日本料理の贅沢――神田裕行
2092 新書　沖縄読本――下川裕治 仲村清司　著・編
2127 ラーメンと愛国――速水健朗
2173 日本人のための日本語文法入門――原沢伊都夫
2200 漢字雑談――高島俊男
2233 ユーミンの罪――酒井順子
2304 アイヌ学入門――瀬川拓郎
2309 クール・ジャパン!?　鴻上尚史
2391 げんきな日本論――橋爪大三郎 大澤真幸
2419 京都のおねだん――大野裕之
2440 山本七平の思想――東谷暁